Markus Barth, geboren 1977 in Bamberg, wuchs auf in Zeil am Main («Fachwerk! Frohsinn! Frankenwein!»). 1999 zog er nach Köln («Kölsch! Klüngel! Karneval!»). Dort arbeitete er als Autor und Headwriter für zahlreiche Fernsehshows (von «Die Wochenshow» bis «Ladykracher») und verschiedene Bühnenkünstler. Seit 2007 steht Markus Barth auch selbst als Stand-up-Comedian auf der Bühne, unter anderem bei «NightWash», «Quatsch Comedy Club» und «TV Total». Sein Soloprogramm heißt «Deppen mit Smartphones».

«Der Barth ist dem Leser sein Vergnügen. Grandios!»
(Michael Kessler)

MARKUS BARTH

DER GENITIV IST DEM STREBER SEIN SEX

UND ANDERE ERKENNTNISSE AUS MEINEM LEBEN 2.0

ROWOHLT TASCHENBUCH VERLAG

Originalausgabe
Veröffentlicht im Rowohlt Taschenbuch Verlag,
Reinbek bei Hamburg, Januar 2011
Copyright © 2011 by Rowohlt Verlag GmbH,
Reinbek bei Hamburg
Umschlaggestaltung any.way, Barbara Hanke/Cordula Schmidt
(Abbildung: Image Source/Corbis)
Foto des Autors: © Brainpool Live Entertainment
Satz Arno Pro PostScript (PageOne)
bei Dörlemann Satz, Lemförde
Druck und Bindung CPI – Clausen & Bosse, Leck
Printed in Germany
ISBN 978 3 499 25514 4

Für meine Eltern

Ist das so, oder ist es vielleicht viel leichter?
(Wir sind Helden)

Das Leben *ist* ein Ponyhof.
Aber mit angeschlossener Pferdemetzgerei.
(Unbekannter ICE-Nachbar)

INHALT

Vorwort ——— **11**

Unter Kirmes-Ponys ——— **13**

Tot, aber glücklich ——— **17**

Der Genitiv ist dem Streber sein Sex ——— **21**

Allergie-Quartett ——— **24**

20 todsichere Methoden, berühmt zu werden ——— **31**

Frisch geduschte Jogger ——— **34**

007 in der Kreissparkasse ——— **37**

Bügelbücher ——— **40**

Housekeeping ——— **45**

Maria Furtwängler trägt die Nuance 8.13 ——— **48**

Chrashkurs Karneval ——— **52**

Unsocial Timewasting ——— **55**

Mit « Tutti Frutti » stimmt was nicht ——— **59**

Schöner leben mit Franz Kafka ——— **64**

David Beckham ist an allem schuld ——— **67**

lieb guck ——— **70**

Dr. Feelgood und Mister Zahnstein ——— **74**

Exkrementen-Lyrik ——— **80**

Für schlechte Zeiten ——— **83**

Deko-Depp ——— **86**

Gefühlte Gefühle ——— **91**

I said a flip-flop ——— **93**

Hauptstadt-Hasser ——— **97**

Die Schweinebraten-Verschwörung ——— **100**

Zur Geburt ——— **107**

Ich will Knöpfe! ——— **111**

Reinigen! ——— **115**

Mein digitaler Geburtstag ——— **118**

Indoor-Bananen-Esser ——— **123**

It's amazing ——— **126**

Jan-Torben, pack deine Brüste ein! ——— **130**

Lob auf den Landgasthof ——— **133**

Kopf nicht in Betrieb ——— **139**

Brustgeschirr! ——— **142**

Wünsch dir nix! — **149**

Mama vs. iTunes — **151**

Hunger-Tinnitus — **153**

Nicht ohne meine Hartwurst — **158**

Pinguin, Küchenschabe und Co. — **163**

Der Classic-Rock-Schock — **167**

Die Entdeckung der Sauberkeit — **172**

Spannung! — **180**

Da lässt sich doch noch was am Preis machen — **186**

Eine Weihnachtsgeschichte — **191**

Wave your hands like you care — **193**

Zum Schlafen reicht's noch — **196**

Bonusmaterial — **200**

VORWORT

Erkenntnis Nummer eins: Mein Leben kommt hervorragend ohne mich zurecht. Die Miete wird automatisch abgebucht, Zeitschriften-Abos verlängern sich von alleine, mein Festplattenrecorder nimmt jede Folge «Boston Legal» auf – alles ohne mich. Und jedes Jahr erfindet Apple ein neues Gerät, das eine der letzten Funktionen, die ich noch hatte (Karten lesen, Zugverbindungen finden, Musikstücke erkennen) automatisiert. Das ist es dann wohl, das Leben 2.0 – mein Leben ohne mich.

Nicht mal, wenn irgendwas schiefläuft, werde ich noch gebraucht. Wenn zum Beispiel der Internetzugang in meiner Wohnung nicht funktioniert und ich ergebnislos an allen Kabeln rüttle, alle Stecker aus- und wieder einstecke und den Rechner drei Mal neu starte, blinken mich mein Modem und mein Router gelangweilt an, als wollten sie sagen: «Das ist sehr süß von dir, aber ganz ehrlich: Du störst hier eher. Geh doch lieber draußen spielen, ja?»

Deswegen sitze ich seit Wochen in meinem Campingbus an der Ostsee und schreibe an diesem Buch über meine Welt zwischen Biomarkt und App Store. Eine Art «Handbuch des modernen Großstadtlebens – mit 1000 tollen Tipps zur souveränen Gegenwartsbewältigung». Nur ohne die Tipps. Wenn ich die hätte, säße ich ja nicht hier.

In dem Campingbus dagegen gibt es exakt 10 Knöpfe, die alle jeweils genau *eine* Funktion haben: Wenn ich die Wasserpumpe anstelle, kommt Wasser, wenn ich die Heizung aufdrehe, wird's warm, wenn ich sie wieder abstelle, wird's kalt – und ich darf ganz allein entscheiden, wann das alles passiert. Camping ist quasi eine Beschäftigungsmaßnahme für Großstadt-Idioten, die von Apple, selbstreinigenden Backöfen und wartungsfreien Pflanzenbewässerungssystemen outgesourct wurden.

Bin mal gespannt, ob mein Leben irgendwann anruft und sagt: «Mensch, kannste nicht mal vorbeikommen? Hier geht's drunter und drüber ohne dich.» Aber ganz ehrlich: Drauf wetten würd' ich nicht.

UNTER KIRMES-PONYS

Der Sportstudent im weißen Polohemd schaute zwei Minuten auf den Computer-Ausdruck in seiner Hand, zog grübelnd die Stirn in Falten und sagte dann zu mir: «Dein PVM-Wert beträgt 24.» Er reichte mir den Zettel, und ich las, was darauf stand. Es war nur ein Satz: «Ihr PVM-Wert beträgt 24.» Eigentlich wollte ich fragen, warum er dazu so lange auf den Ausdruck hatte starren müssen, ich brachte aber nur ein erschöpftes «Aha» heraus.

Ich hatte mir nämlich zuvor 30 Minuten lang auf einem Trimm-dich-Rad im Hinterzimmer meines neuen Fitness-Studios einen Wolf gestrampelt. Das Ganze nannte sich «Einstufungstest», und das muskelbefüllte Polohemd hatte mir dazu eine Elektrode ans Ohr geknipst und eine an den Finger und mich dann mit «Hopphopp, nicht einschlafen!» angefeuert und anderen Sätzen, die ich seit dem Achte-Klasse-Zirkeltraining nicht mehr gehört hatte. Während der gesamten Zeit auf dem Rad hatte ich auf den großen Schriftzug an der Wand gestarrt: FEELING HEALTHY. FEELING

GOOD. Das war der Slogan des Studios, in dem ich gerade einen Vertrag unterschrieben hatte. Eine halbe Stunde lang dachte ich mir: Was für ein Zynismus! Wenn ich mich «healthy» und «good» fühlen würde, müsste ich nicht ins Fitness-Studio rennen, meinen PVM-Wert messen und mich von Sportstudenten demütigen lassen, sondern würde mit nacktem Oberkörper am Baggersee liegen. Viagra wirbt ja auch nicht mit dem Slogan FEELING HORNY. FEELING HARD.

Der Student nahm ein Clipboard und ging zur Tür: «Dann stellen wir dir jetzt mal einen Trainingsplan zusammen.»

«Moment», sagte ich, weil ich allmählich wieder Luft bekam. «Jetzt lass uns doch erst mal über meinen PVM-Wert reden. 24 – ist das gut?»

Er blieb an der Tür stehen und zuckte die Schulter. «Besser als 25.»

«Aha», sagte ich wieder. «Was heißt PVM überhaupt?»

Er zuckte wieder die Schulter: «Is halt so 'n Fitness-Test. Was es genau heißt, müsste ich nachschauen. Hat außer dir noch keinen interessiert.» Der Vorwurf in seiner Stimme war nicht zu überhören.

«Okay, dann sag mir wenigstens, was du für einen PVM hast.»

«Seh ich aus, als müsste ich so 'nen Test machen?», lachte er, und wie zum Beweis hüpften seine Brustmuskeln fröhlich auf und ab.

Bei dem anschließenden Rundgang durch das Studio habe ich fünf wertvolle Lektionen fürs Leben gelernt:

1. Geräte-Training ist exakt so langweilig, wie es aussieht. Hoch, runter, hoch, runter. Kein Wunder, dass Menschen, die an Geräten trainieren, immer gucken wie Kirmes-Ponys, die seit acht Stunden schreiende Kinder im Kreis herumtragen.
2. Fitness-Kurse sind zwar abwechslungsreicher als das Training an den Maschinen, stellen die eigene Würde aber auf eine harte Probe. Wer schon mal mit einer Langhantel auf den Schultern in einem Body-Pump-Kurs stand, zu DJ Bo-Bos Begleitmusik Kniebeugen gemacht hat und sich dabei leise singen hörte: «We can make it a better place, if we praaaaayyyyy for freedom!», der weiß, was ich meine.
3. Die peinlichsten Übungen müssen immer alle sehen können. Deswegen wurden in meinem Fitness-Studio die *Problemzonen-Stepper* direkt vor eine riesige Fensterfront gestellt. Von der vierspurigen Straße und der Stadtbahn-Haltestelle davor hat man jetzt rund um die Uhr einen unverstellten Blick auf mindestens fünf ausgestreckte Problemzonen-Hintern, die rhythmisch von links nach rechts wobbeln.
4. Pissoirs, in denen mittig kleine Kerzen eingraviert sind, damit niemand danebenpinkelt, sieht man mittlerweile überall. Aber nur in meinem Fitness-Studio habe ich Männer gesehen, die an diesen Pissoirs stehen, angestrengt auf die Kerze pinkeln und dabei murmeln: «Geh aus, du Sau!»

Die fünfte Lektion lernte ich erst nach dem Rundgang. Als mein Trainer nämlich sagte: «Und, noch Fragen?», antwortete ich: «Japp. Wann genau kann ich den Vertrag eigentlich wieder auflösen?»

Er lachte, seine gutgelaunten Brustmuskeln hüpften nochmal auf und ab wie zwei Kinder auf einem Garten-Trampolin, und dann ließ er mich stehen. Dabei war es mir vollkommen ernst; ich wollte sofort wieder raus.

Aber das war eben Lektion Nummer fünf: Fitness-Verträge sind unkündbar. Wer jemals versucht hat, eine Studio-Mitgliedschaft wieder aufzulösen, weiß, wie Faust sich gefühlt haben muss, als er sich das mit dem Seele-Verkaufen nochmal anders überlegt hat. Urplötzlich tauchen Verlängerungs-Klauseln auf, die man überlesen hat und die einen zu Beitragszahlungen weit über das eigene Ableben hinaus verpflichten. Und wenn man sich mit allem abgefunden hat, holt der Studio-Betreiber noch ein Bügeleisen hervor, geht damit über den Vertrag und sagt: «Moment! Warten Sie erst mal ab, was ich hier in meiner geheimen Zitronensaft-Schrift hingeschrieben habe!»

Und so bin ich seit diesem lehrreichen Tag vor vier Jahren Mitglied im Fitness-Studio. Und das, ohne da je hinzugehen. Ich sehe mich eher als Fördermitglied: Ich greife nicht aktiv ins Geschehen ein, beobachte aber die Entwicklung des Studios wohlwollend und freue mich, dass durch meine regelmäßig gezahlten Beiträge die tapferen Kirmes-Ponys immer an den neuesten Geräten trainieren und dabei die neueste DJ-BoBo-CD hören können. Angeblich sind in den Pissoirs mittlerweile keine Kerzen mehr, sondern kleine Tore, an deren oberer Latte ein Ball baumelt, den man in das Tor pinkeln kann. Da war mein Geld doch gut angelegt.

Besonders «healthy» fühl ich mich dadurch natürlich nicht. Aber wahnsinnig «good»!

TOT, ABER GLÜCKLICH

«War das Lamm denn glücklich?», fragt mich mein Freund Sebastian, und mir wird mal wieder bewusst, dass Grillen eine echt knifflige Angelegenheit geworden ist.

Ich habe ihm gerade ein Lammkotelett auf den Teller gelegt, astreines Fleisch, mit Kräutern und Olivenöl mariniert und rosa gebraten. Trotzdem schaut er es an, als wär's ein Affenhirn zum Auslöffeln.

«Wie meinst du das?», frage ich ihn.

«Ich versuche, nur Fleisch von glücklichen Tieren zu essen. Ohne Käfighaltung, Tiertransporte und so. Also: War das Lamm glücklich?»

«Ähm, ich weiß es ehrlich gesagt nicht», antworte ich wahrheitsgemäß. «Das Lamm und ich, wir kennen uns noch nicht so lange. Ich habe es quasi erst in Kotelettform kennengelernt.»

Sebastian schaut kritisch, sagt dann aber: «Na ja, du hast ja gesagt, es ist vom Biomarkt. Dann sollte es eigentlich glücklich gewesen sein.»

Er nimmt sein Messer, und ich stimme ihm erleichtert zu: «Genau.» Dann, etwas leiser: «Also zumindest, bis die Sache mit der Schlachtung kam. Da war's vermutlich vorbei mit der guten Laune.»

Ich bereue meinen Satz sofort, denn Sebastian legt das Messer wieder weg: «Hast du den Verkäufer gefragt, wie es aufgewachsen ist?»

«Was soll ich ihn denn fragen?», sage ich, mittlerweile etwas gereizt. «‹Hören Sie mal, das Lamm da, war das ein fröhliches Tier, oder ist es eher so auf der Weide rumgemöppert und hat sich ab und zu Johanniskrautdragees eingeworfen?›»

Sebastian runzelt die Stirn und legt das Lammkotelett zurück auf die Fleischplatte. «Ich glaube, ich würde das lieber nicht essen. Mach doch mal die Forellen auf den Grill, die ich mitgebracht habe.»

«Woher weißt du denn, dass die glücklich waren?», frage ich.

«Die hat mein Vater selbst gefangen», sagt er. «Aus einem Bach in seiner Umgebung. Die hatten ein absolutes Traumleben in der Natur, waren nie in Gefangenschaft und wurden nicht gequält.»

Jetzt runzle ich die Stirn: «Aber – wenn dein Vater die Forellen nicht umgebracht hätte, würden sie jetzt immer noch fröhlich durch den Bach schwimmen. Ist es nicht viel grausamer, das Leben von glücklichen Tieren zu beenden als das von unglücklichen?»

Sebastian schweigt einen Moment. Dann schiebt er seinen Teller weg: «Ich bin satt.»

Der Abend war gelaufen, und ich stand als gefühlloser Tier-Verächter da. Dabei stimmt das gar nicht. Ich liebe Tiere, ich respektiere Tiere, einige meiner besten Freunde sind Tiere! Okay, ich gebe zu, dass ich jede Wespe, die durch meine Wohnung fliegt, sofort erschlage. Wespen sind für mich keine Tiere, sondern Terroristen. Über Selbstmordattentäter stülpt man ja auch kein Glas und trägt sie nach draußen. Aber ansonsten: «I love animals, olé, olé!»

Deswegen verstehe ich auch jeden, der Tiere schützen will. Ich habe auch nichts gegen Vegetarier. Vegetarier sind super, ich bin selbst mit einem zusammen. Das kann ich nur empfehlen, gerade Fleischessern, denn es hat den großen Vorteil, dass man im Restaurant immer die Speckwürfel aus dem Kartoffelsalat des Partners bekommt. Ich war sogar selbst mal Vegetarier. Meine Eltern hatten nämlich, als ich vierzehn war, einen toten Stallhasen geschenkt bekommen. Mein Vater musste ihn allerdings noch zerlegen, und ich kam genau in dem Moment in die Küche, als er mit einem Beil den Kopf abschlug und das gehäutete Hasen-Haupt blutsprotzend in die Spüle fiel. Danach habe ich mir geschworen, nie wieder Fleisch zu essen. Abends gab es dann Kartoffelsalat mit Speck, und ich war zurück im Club der Fleisch-Fans. Aber in den vier Stunden dazwischen: kein Stück totes Tier!

Sogar Veganer, also Menschen, die auch keine Milch und keine Eier zu sich nehmen, finde ich dufte. Auch wenn ich die Erfahrung gemacht habe, dass der vollständige Verzicht auf tierische Produkte überraschend oft mit einem vollständigen Verzicht auf gute Laune einhergeht.

Aber jemand, der nur Fleisch von «glücklichen Tieren» isst – das hat mich überfordert. Vor allem, weil ich wirklich nicht weiß, woran man das Glück eines Tieres messen soll. Und weil ich die Vorstellung ein bisschen pervers finde, dass zwei Kopfschlächter mit einem Bolzenschussgerät vor einer gutgelaunten Sau mit Partyhütchen stehen und sagen: «Ach guck mal, die ist gut drauf, die knallen wir ab!»

Wenn Sebastian es ernst meinen würde, dürfte er doch nur noch Fleisch von Tieren essen, die ihr ganzes Leben auf einem Wellness-Bauernhof mit Morast-Whirlpool und Huf-Massage verbracht haben und dann an Altersschwäche gestorben sind. Die waren wenigstens bis zum Schluss glücklich. Aber finde mal ein altersschwaches Lamm! Vielleicht muss man da auf suizidgefährdete Exemplare zurückgreifen, die freiwillig aus dem Leben scheiden und vorher noch eine Art Organspendeausweis ausfüllen, welche Fleischstücke ihnen entnommen werden dürfen. Obwohl – wenn sie an Selbstmord denken, sind sie ja wieder nicht glücklich. Es ist ein Teufelskreis!

Mein Lieblingsbeispiel für Tierschutz, der mich nicht wirklich überzeugt, stammt aber aus einer Kölner Boulevardzeitung. In einem großen Artikel über Schnecken im Salatbeet und wie man diese richtig entsorgt, empfahl dort ein Garten-Fachmann: «Auf keinen Fall sollten Sie abgelesene Schnecken in eine Plastiktüte stecken und in den Müll werfen. Sie ersticken so qualvoll.» So weit alles klar, doch dann kam sein Experten-Tipp: «Überbrühen Sie sie stattdessen lieber mit kochendem Wasser.»

Genau. Viel besser. Aber fragen Sie die Schnecken vorher, ob sie glücklich waren!

DER GENITIV IST DEM STREBER SEIN SEX

Ich saß auf einer Parkbank und kaute an einem Apfel herum. Neben mir saß eine Frau und las ein Buch. «Der Dativ ist dem Genitiv sein Tod» von Bastian Sick. Als ich fertig war mit meinem Apfel, deutete sie auf den Rest und sagte: «Entschuldigung, darf ich Sie mal was fragen? Wie nennen Sie denn das, was vom Apfel übrig bleibt?»

«Schnüffi», antwortete ich wie aus der Pistole geschossen.

Das war natürlich gelogen. Der Rest eines Apfels wurde bei uns zu Hause immer weggeschmissen und nie getauft.

Aber ich ahnte, dass ich der Frau damit eine Freude machen würde, und ich hatte recht.

«Tatsächlich?», fragte sie aufgeregt. «Ich lese nämlich gerade dieses Buch hier, und seitdem beschäftige ich mich mit sprachlichen Phänomenen.»

«Das ist ja interessant!», log ich schon zum zweiten Mal. Sprachliche Phänomene liegen auf meiner Liste der interessanten Dinge im Leben ein gutes Stück hinter europäischen

Adelshäusern, Olli-Geissen-Sendungen und dem Liebesleben von Lothar Matthäus.

Wer früher in der Schule Weisheiten wie «Nein, das ist nicht dasselbe, das ist höchstens das Gleiche!» verkündete, galt als Streber und wurde verprügelt. Heute erntet man mit so einem Satz wohlwollendes Lächeln und ein: «Ah, das steht im dritten Band vom Sick, oder?» Früher war besser.

Aber ich wollte ja nur die Frau glücklich machen, und das schien zu klappen: «Bastian Sick hat auch mal so eine Liste mit umgangssprachlichen Bezeichnungen für den Rest eines Apfels gemacht», sagte sie, «aber ich glaube, Schnüffi war nicht dabei!»

«Na, dann sollten Sie ihm das mal schreiben!», entgegnete ich.

«Prima Idee!» Sie strahlte mich an und holte einen Notizblock und einen Stift aus ihrer Tasche.

Ich rückte ein Stück zu ihr: «Schnüffi heißt es übrigens nur bei kleinen Äpfeln. Bei größeren sagen wir Schniez.» Die Frau schrieb fleißig mit.

«Manchmal sagt man auch Schniezl, aber das ist regional bedingt», fuhr ich fort. «Außerdem kenne ich noch Brumsl, Knarz, Lummel und Spröck.» Ich hob den Finger: «Und aufgepasst bei Birnen! Da heißt es natürlich Röms – aber das wissen Sie ja bestimmt.»

Die Frau strahlte mich selig an: «Nein, das wusste ich nicht. Danke!» Sie wollte ihren Block gerade wegstecken, da stockte sie kurz. «Darf ich Sie vielleicht noch etwas fragen?» Ich nickte auffordernd.

«Wie nennen Sie denn den Anschnitt eines Brotes? Kipf? Knust? Oder Knörzl?»

Ich schüttelte den Kopf: «Günther!»

Dann diktierte ich ihr noch 48 weitere frei erfundene Spitznamen für Brotanschnitte.

Wenn Sie also demnächst in einer von Bastian Sicks Kolumnen lesen, dass im Unterfränkischen der Anschnitt eines Brotes auch «Frutzl» genannt wird, dann müssen Sie das nicht unbedingt glauben.

ALLERGIE-QUARTETT

Der moderne Mensch hat mindestens eine Allergie. Irgendetwas braucht man, das einen zum Husten, Niesen und Blau-Anlaufen bringt, sonst gehört man nicht zur Funky Crowd. Ohne Allergie kann man heutzutage eigentlich gar nicht mehr aus dem Haus. Mit Allergie natürlich auch nicht, zumindest wenn man Heuschnupfen hat, aber da muss man eben durch. Am besten ist, man hat irgendwas Ausgefallenes, Pollen kann ja jeder. Ein bisschen crazy sollte es schon sein, Kobalt-Nickel-Ionen vielleicht oder wenigstens eine Glutamat-Unverträglichkeit oder eine exotische Kreuzallergie wie «Apfel/Birke» oder «Physalis/Guave» – irgendwas, das eher nach einer neuen Bionade-Sorte klingt als nach einer Krankheit. Damit hat man auf jeder Party ein Gesprächsthema, kann bei Starbucks nach dem laktosefreien Frappuccino fragen und Dr.-Hauschka-Produkte kaufen, zehn Gramm für tausend Euro, weil: «Was anderes vertrag ich halt nicht.»

Und ich bin stolz, sagen zu können: Ich war von Anfang an dabei! Was mir bei Musikbands nur selten gelingt, kann ich hier bedenkenlos herauströten: Ich kannte die meisten Allergien schon, bevor sie berühmt wurden. Laktose-Intoleranz 1984 – ich war dabei! Ich hatte keinen Allergiepass, eher eine Allergie-Enzyklopädie: Dieses kleine blaue Heftchen war voller Klebezettel mit den unterschiedlichsten Reizstoffen. Ich hatte mehr von diesen Aufklebern als meine Mitschüler Panini-Bildchen. Hätte es ein Allergie-Quartett gegeben, ich hätte jedes Mal gewonnen. «Chlorhexidin-Sulfat – sticht!» Als viele Allergien noch gar nicht erforscht waren, riefen mich Ärzte aus aller Welt an und fragten: «Kann man eigentlich auf den und den Stoff allergisch sein?» Dann schaute ich in meinem Pass nach und sagte: «Kann man!», die Allergologen hauchten: «Faszinierend!», und legten wieder auf. Es war eine wilde Zeit.

Na gut, in Wahrheit war sie nicht ganz so wild. Tatsächlich waren Allergien damals noch gar nicht hip. Und Allergiker waren keine Funky Crowd, sondern eher verschleimte Loser. Das fing schon mit meinem Heuschnupfen an: Als ich sieben Jahre alt war, spielten meine Freunde mit mir am liebsten in einem Weizenfeld Verstecken. Da mussten sie nicht lange suchen, ich war da, wo alle zwei Sekunden geniest wurde. Irgendwann entschied dann meine Freundin Susi, dass wir das nicht mehr spielen sollten, denn, wie sie es ausdrückte: «Ich schlaf immer so schlecht, wenn ich den Markus mit seinen blutunterlaufenen Augen sehe!»

Es war, als wollte die Natur mir mitteilen: «Nimm's nicht persönlich, aber ich kann dich nicht leiden. Such dir bitte 'nen anderen Planeten.» Da ich aber mit sieben keine Chance auf Teilnahme an einem Weltraumprogramm sah, bin ich einfach geblieben und musste jedes Jahr ertragen, dass Bäume, Büsche und Gräser mich mit Pollen bombardierten, bis meine Augen tränten, die Nase lief und ich – pünktlich zum Pubertätsbeginn – auch noch Neurodermitis bekam. Andere hatten ihren ersten Sex, ich hatte meinen ersten Ausschlag. Es gab Zeiten, da wünschte ich mir, ich hätte einfach 'ne ganz normale Akne. Pickel im Gesicht, das signalisierte Erwachsenwerden, Hormonüberschuss und sexuelles Erwachen. Rote Ekzeme am Hals sahen einfach scheiße aus. Vor allem wollte ich auch mal Clearasil benutzen dürfen, denn erst Clearasil und Bier machen einen Jungen zum Mann. Ich habe mir sogar mal eine Probepackung Anti-Pickel-Creme aus der *Bravo* ins Gesicht geschmiert. Dabei hatte ich keinen einzigen Pickel. Zumindest bis dahin. Danach sah mein Gesicht vier Tage lang aus wie ein zertrampeltes Erdbeerfeld, weil ich offensichtlich auf einen der Inhaltsstoffe allergisch reagierte.

Da war ich sechzehn. Und weil die Sommerferien gerade begonnen hatten und ich auch mal an einem Baggersee liegen wollte, ohne dass kleine Kinder weinend wegrennen und Mütter das Strandtuch ein Stückchen wegziehen, machte ich meinen ersten Allergietest. Ich hatte gerade meine Öko-Phase mit braunen Camel-Lederschuhen und Salzkristall-Deostift und entschied mich deshalb für einen Naturheilkundler.

«Du solltest auf jeden Fall auf Zucker verzichten», riet der mir, während er das Ergebnis des Tests studierte.

Zuvor hatte er mich an eine Maschine mit sehr vielen Zeigern und bizarr geformten Behältern gesetzt und mir zwei Metallstäbe in die Hand gedrückt, die mit der Maschine verbunden waren. Meine Füße musste ich auf zwei Metallplatten stellen, dann machte das Gerät eine halbe Stunde in unterschiedlichen Tonhöhen «Uiiiiiii, uiiiiiii!». Das Ganze wirkte so wissenschaftlich wie die Steuerungsinstrumente in «Raumpatrouille Orion».

«Wie, auf Zucker verzichten?», fragte ich ihn.

«Du solltest keinen Zucker mehr essen. Isst du denn viel Zucker?»

«Nö, eigentlich nicht», sagte ich, «aber ... »

«Na, dann wird dir der Verzicht ja nicht schwerfallen», unterbrach er mich, und das Beratungs-Gespräch war beendet.

Etwas verwirrt trottete ich aus der Praxis und ging zurück zu meinem Ferienjob, den ich kurz vorher angenommen hatte. In dem einzigen Unternehmen, das bei uns im Ort Ferienjobs anbot: der Zuckerfabrik.

Ich aß also keinen Zucker mehr und presste vier Wochen lang die Lippen zusammen, während ich im Fabrik-Silo mit einem Spaten Zucker-Reste von der Wand kratzte. Meine Allergie wurde dadurch weder besser noch schlechter. Aber ich war der mit Abstand beliebteste Ferienjobber, den es in der Zuckerfabrik je gab.

«Du hältst wenigstens die Fresse», sagte mein Vorarbeiter, «aber wenn ich deine blutunterlaufenen Augen seh, krieg ich schlechte Träume!»

Da ich mittlerweile auch außerhalb der Pollensaison aussah wie ein Grottenolm mit Ausschlag, machte ich kurz vor dem Abitur Allergietest Nummer zwei. Ich saß im Behandlungszimmer meines Hausarztes auf einer Liege, und eine Arzthelferin trug mit einer Pipette 20 verschiedene Allergene auf meinem Rücken auf. Dann griff sie zu einer Nadel und fing an, meine

Haut unter den Proben anzuritzen, damit die Allergene eindringen konnten. Ritz! Zwick! Piks! 20 Mal. Bei Nummer 14 bekam ich Schwindelgefühle. Bei Nummer 18 Mordgedanken. Zehn Minuten später schaute sich der Arzt meinen Rücken an und schrie: «Gütiger Himmel!» (Dieser Ausruf rangiert übrigens, liebe Ärzte, unter den Sätzen, die man von euch lieber nicht hören möchte, ziemlich weit vorne. Direkt gefolgt von: «Ach du liebe Zeit», «Wie sehen Sie denn aus?» und «Ups, vergessen Sie das mit der Chemo – ich hatte die falsche Behandlungskarte!»)

«Sie sind ja gegen *alles* allergisch!», rief der Arzt.

«Wie kommen Sie darauf?», fragte ich.

«Na, gucken Sie sich mal Ihren Rücken an – alles rot!», sagte er und hielt mir einen Spiegel hin.

«Ja, natürlich», sagte ich, «die Höllenbraut von Arzthelferin hat gerade 20 Mal da reingepikst!»

Er winkte ab: «Ach, das hat damit gar nichts zu tun. Das sind eindeutig die Allergene!»

Ich schaute den Arzt an und fragte: «Wenn ich Ihnen jetzt eine Ohrfeige verpasse und Ihre Wange dann rot wird – heißt das, Sie sind gegen Hände allergisch?»

Er schüttelte den Kopf und gab mir ein paar gute Tipps zu Allergenvermeidung. Ein Jahr lang achtete ich darauf, nicht mit Weißmehl-Produkten, Hausstaub und Schimmelpilzen in Kontakt zu kommen. Keine leichte Aufgabe für einen Studenten.

Die Jahre gingen vorüber, die Allergien blieben, und mein Allergiepass füllte sich mit jedem Arztbesuch ein bisschen mehr. Dann zog ich nach Köln. Es waren die späten Neunziger, und ich merkte plötzlich: «Verdammt, hier passiert was! Menschen bringen glutenfreien Nudelsalat auf Partys mit! Tchibo verkauft allergenarme Unterwäsche, und auf Cashew-Beuteln steht *Kann Spuren von Nüssen enthalten!*. Allergiker sind keine Freaks mehr! Wir sind eine Zielgruppe! Trendsetter! 'ne Funky Crowd!»

Im Frühjahr darauf ging ich im Kölner Stadtwald gut gelaunt auf einen schwer niesenden Allergiker zu und sagte: «Na, Heuschnupfen?»

Er nickte.

«Ich auch!» Ich lächelte ihn an und hoffte auf ein anregendes Gespräch unter Trendsettern. Aber er deutete nur auf meine Augen: «Dafür siehste aber ganz gut aus!» Dann nieste er und ließ mich stehen.

Erst da wurde mir bewusst: Er hatte recht. Irgendwie waren in den Monaten davor meine roten Flecken verschwunden. Und ich konnte auch ohne Atemmaske vor die Tür gehen. Verwirrt meldete ich mich für einen dritten Allergietest an. Den mit den Nadeln sogar! Mein Rücken blieb glatt wie ein Kinderpopo.

Erst wollte ich es nicht glauben. Ich hatte zwar kurz zuvor eine homöopathische Behandlung angefangen, aber dass winzige Zuckerkügelchen mit null Wirkstoff mein Allergieproblem lösen würden – damit konnte doch kein Mensch rechnen!

«Herzlichen Glückwunsch», sagte meine Homöopathin. «Es scheint zu funktionieren.»

Dann riss sie einen Zettel nach dem anderen aus meinem Allergiepass.

«Kann ich wenigstens Hausstaub behalten?», fragte ich in Panik. «Nur so für Unterhaltungen auf Partys?»

Sie lachte und rupfte auch den letzten Zettel aus dem kleinen Heftchen.

20 TODSICHERE METHODEN, BERÜHMT ZU WERDEN

Wer in den letzten Jahren die zahlreichen Staffeln «DSDS», «Germany's Next Topmodel» und «Popstars» verfolgt hat, muss den Eindruck gewinnen, wir sind nur zu einem Zweck auf dieser Welt: um berühmt zu werden. Stimmt natürlich auch.

Wir alle wissen: Wer nicht mindestens ein Mal im Leben auf der BILD, der Gala oder dem «Münsterschen Orgelmagazin» war, hat sein Leben verschwendet. Man ist nun einmal erst dann ein Mensch, wenn man beim Bäcker die Frage «Entschuldigung, bist du nicht der Dings aus ... na, weißt schon, der Sendung da?» mit einem stolzerfüllten «Genau der!» beantworten kann. Und so pilgern jedes Jahr Millionen Jugendlicher zum Dieter, zur Heidi und zum Hoppel-Detlef und kämpfen sich durch Castings, Recalls und Rerecalls, mit nur einem Ziel: eine Single, ein Foto oder ein Hoppel-Diplom zu ergattern. Leider klappt das oft nicht. Dann stehen die Jungs und Mädels vor der Kamera, bäumen sich ein letztes Mal auf und nuscheln: «Isch interessier misch nisch fur des, wo de Dieter sagt, isch geh mein Weg!»

Es ist faszinierend, wie viele junge Leute heutzutage «ihren Weg» gehen! Beziehungsweise wie viele von ihnen *behaupten*, ihren Weg zu gehen. Irgendwas stimmt da nämlich nicht, denn wenn all diese Jugendlichen ihren Weg tatsächlich *gehen* würden, hätten wir nicht so viele dicke Teenager in Deutschland.

Vielleicht liegt es aber auch daran, dass ihr Weg sehr kurz ist. Oft führt er direkt zurück zur Berufsschule, wo sie ihren Traum von der Berühmtheit begraben und sich damit zufriedengeben, beim Bäcker die Frage «Wie immer?» mit einem nicht ganz so stolzen «Mhm» zu beantworten.

Schade eigentlich. Es gibt doch noch andere Wege zum Ruhm. Warum denn immer den traditionellen wählen? Hier mal 20 frische, unverbrauchte und todsichere Methoden, berühmt zu werden:

1. Als erster Mensch einen 9000er besteigen.
2. Als Kind von Madonna zur Welt kommen.
3. Als Kind von Benedikt XVI. zur Welt kommen.
4. Als Kind von Madonna und Benedikt XVI. zur Welt kommen.
5. Bei Langenscheidt den heiteren Sprachführer «Deutsch – Fruchtsafttechniker, Fruchtsafttechniker – Deutsch» veröffentlichen.
6. Als erster Promi im «Promidinner» auftreten. *(Dazu müsste man allerdings schon berühmt sein. Ich denk nochmal drüber nach ...)*
7. Trotz leidlich guten Aussehens und dunkler Hautfarbe NICHT mit Boris Becker schlafen.
8. Amoklauf mal anders: erst sich selbst erschießen und dann niemanden.

9. Das iPid, iPöd oder iPüd erfinden.
10. Bei «Wer wird Millionär?» nach der 50-Euro-Frage sagen: «Danke, mehr brauch ich nicht. Tschüs!»
11. Die Rettung gestrandeter Wale revolutionieren: Wippe unter den Wal schieben, alle Mann aufs andere Ende springen – fertig.
12. Terroranschlag für Anfänger: mit einem Gleitschirm gegen das Empire State Building fliegen.
13. Tine Wittler die Tür vor der Nase zuschlagen.
14. Den Yeti finden und sofort erschießen.
15. Lebende Statue bei «Körperwelten».
16. Einen Abschiedsbrief schreiben und dann vor den Zug werfen. Den Brief, nicht sich selbst.
17. Flitzer beim Stierkampf.
18. Einen Marathon in weniger als 40 Kilometern laufen.
19. Hungerstreik gegen den Schlankheitswahn anzetteln.

Und meine Lieblingsidee:
20. Sich zum NPD-Vorsitzenden wählen lassen und dann rufen: «Wer's noch nicht gewusst hat: Ich bin schwul, und das ist auch gut so!»

Na, da ist ja wohl für jeden was dabei.
Also los: Geht euren Weg!

FRISCH GEDUSCHTE JOGGER

Marathonläufer sind mir ein Rätsel. Ich finde, es gibt keinen anderen Sport, dessen Anhänger ungesünder, unglücklicher und erbarmungswürdiger aussehen. Und das Paradoxe: Je näher sie ihrem Ziel kommen, umso unglücklicher wirken sie! Als ich das erste Mal beim Köln Marathon zuschaute, kam ich mir vor wie bei einer spanischen Stierhatz, deren Veranstalter vergessen hatten, das Tier irgendwann wieder einzufangen.

Besonders irritiert haben mich die Leukoplast-Streifen, mit denen sich einige Läufer die Brustwarzen abgeklebt hatten. Angeblich machen sie das, um sich die Nippel nicht aufzuscheuern. Ich glaube, das ist eher, damit der Notarzt gleich weiß, wo er den Defibrillator ansetzen muss.

Interessant finde ich auch den geschichtlichen Hintergrund: Der erste Marathonläufer war ein griechischer Bote, der nach der Schlacht bei Marathon 42 Kilometer nach Athen lief, «Freut euch, wir haben gesiegt!» rief und dann ganz einfach tot umfiel. Ich suche bis heute die Stelle in dieser Geschichte, die mich dazu animieren könnte zu sagen: «Wow, toll, das mach ich auch mal!»

Immerhin fürs Joggen kann ich mich begeistern. Na ja, «begeistern» ist wahrscheinlich zu viel gesagt. Ich mach's halt, weil man ab dem dreißigsten Geburtstag Bier und Pizza nicht mehr ganz so mühelos verbrennt wie mit zwanzig und weil es einfacher ist, ein Mal in der Woche eine Stunde zu laufen, als jeden Tag in der Woche auf Spaß zu verzichten.

Gute Laune kommt beim Laufen aber selten auf, und das liegt an einigen meiner Mit-Jogger. Wenn ich laufen will, ziehe ich mir eine kurze Hose und ein T-Shirt an, schlüpfe in die Schuhe und renne los. Erzähle ich das anderen Läufern, schauen sie mich entgeistert an und fragen: «Du joggst in *Baumwolle*?»

Echte Jogger tragen nämlich Funktionswäsche. Hautenge, meist schwarze Kleidung, atmungsaktiv, teflonbeschichtet und so schnittig und figurbetont, dass all die Renn-Frettchen und Sport-Scheck-Jünger irgendwann aussehen wie Batman ohne Cape. Irgendwann habe ich dem Druck nachgegeben und mir eine hautenge schwarze Laufhose gekauft. Den Sinn habe ich bis heute nicht verstanden. Im Winter hält sie nicht warm. Im Frühling aber zieht sie, sobald die Sonne rauskommt, sämtliche Wärme an, sodass sich die Beine auf 300 Grad aufheizen und man Angst hat, abzuheben wie ein Yps-Solar-Zeppelin.

Die allerechtesten Jogger tragen noch eine Art Patronengürtel, in dem kleine Wasserfläschchen stecken. Denn wir alle wissen: Wenn der Mensch nicht alle drei Minuten einen Viertelliter Evian in sich hineinspritzt, dörrt er innerlich aus und verwandelt sich in eine Vanilleschote auf Beinen. Eine Vanilleschote in Funktionswäsche.

Noch schlimmer als das Aussehen mancher Mit-Jogger finde ich aber ihren Geruch. Und zwar nicht den Schweißgeruch, im Gegenteil. Wenn ich renne, rieche ich auch nach Schweiß, nach Tod und Verwesung (je nachdem, wie lange ich schon gelaufen bin). Das ist ja auch völlig okay, man strengt sich schließlich an, und Anstrengung darf man auch riechen. Andere Menschen sehen das offensichtlich nicht so. Ständig werde ich von Joggern überholt, die eine Duftwolke hinter sich herziehen wie eine Douglas-Verkäuferin nach Feierabend. Entweder duschen diese Menschen *vor* dem Laufen, oder sie schwitzen Parfüm. Oder ich habe mich getäuscht und in den Patronengürtel-Fläschchen ist gar kein Evian, sondern Eau de Toilette. Wundern würde es mich nicht.

Eins muss ich noch loswerden. Das hier geht an die brünette Frau mit Pferdeschwanz, die mich regelmäßig beim Joggen im Kölner Stadtwald überholt: Ich hab kein Problem damit, dass Sie mich überholen. Ich weiß, dass ich langsam laufe; wer langsamer läuft als ich, geht rückwärts. Aber muss es wirklich sein, dass Sie beim Joggen auch noch lässig und einhändig einen Sport-Kinderwagen mit *zwei* Kindern vor sich herschieben? Und dabei auch noch ganz unangestrengt Ihren Hund neben sich hertraben lassen?

Oder anders gefragt: Könnten Sie vielleicht mit der freien Hand noch drei Bälle jonglieren? Nur um die Demütigung perfekt zu machen?

Besten Dank.

007
IN DER
KREISSPARKASSE

Mir ist kürzlich aufgefallen, dass James Bond und ich nicht besonders viel gemeinsam haben. Man redet sich da ja gerne was ein, denkt sich: «Mensch, wie ich gerade beim Betreten dieser Bar an meinen Manschetten rumgefummelt habe, das war *so* James Bond!» Aber dann merkt man, dass man weder einen Aston Martin fährt noch aus dem Stegreif russischen Waffenschmugglern das Handwerk legen könnte und noch nicht mal eine Lizenz zum Töten hat, egal, wie oft man sich das am Service Point der Deutschen Bahn schon gewünscht hat. Wahrscheinlich ist das der Grund, warum so viele Männer so leidenschaftlich die einzige Gelegenheit nutzen, sich wie ein Geheimagent zu fühlen: am EC-Automaten.

Klar, niemand will sich das Konto leerräumen lassen. Aber der Geheimhaltungs-Tanz, den manche Mitmenschen am Geldautomaten veranstalten, hat schon etwas Bizarres: Sie halten die Hand schützend über die Tastatur, ziehen den Kopf ein, lehnen sich an den Automaten und machen mehr Schulterblicke als ein Fahrschulprüfling bei der ersten Autobahn-Fahrt.

Die Banken tun allerdings auch einiges, um unsere Angst vor dem bösen Hintermann zu verstärken: Sie bauen kleine Plastik-Sichtschutze rund um die Tastatur, der Kartenschlitz ist mit einem Spezialaufsatz ausgerüstet, und selbst kleine Spiegel finden sich an vielen EC-Automaten. Eigentlich fehlt nur noch das «Micky-Maus-Agenten-Teleskop zum Um-die-Ecke-Gucken». Oder eine Düse, die dem Schulter-Lunzer Tinte ins Auge spritzt. Dann steht Jupp aus Waldbröl in der Kreissparkasse, fühlt sich wie der James Bond vom Oberbergischen und denkt sich: «Ha, Russenmafia! Ich weiß, ihr wollt seit Jahren an meine PIN ran, aber da bleibt euch der Schnabel sauber!»

Und obwohl mich und die meisten anderen Menschen die PIN vom Jupp nicht die Bohne interessiert, wenden wir uns instinktiv ertappt zur Seite, wenn der Jupp sich umdreht, was ihn in seinem Verfolgungswahn natürlich noch bestärkt.

Frauen stehen eher auf die Jurassic-Park-Methode (aufplustern wie ein Dilophosaurus – das sind die mit den Fächern am Hals) oder die Hänsel-und-Gretel-Methode (über das Zahlenfeld beugen wie die Hexe über Hänsels Käfig und die Nummer mit der Nase eintippen). Es ist mir schon passiert, dass sich eine Frau an der Kasse im Supermarkt umgedreht und gefragt hat: «Entschuldigung, könnten Sie vielleicht ein Stück zurücktreten? Ich gebe gerade meine Geheimnummer ein.» Diesem Wunsch sollte man unbedingt nachkommen. Aber nicht, ohne vorher zu sagen: «Natürlich, aber nur zur Sicherheit: Die zweite Ziffer war 'ne Vier, oder?»

Was ich nicht begreife: Wenn wir alle so besorgt um unsere Kontensicherheit sind, wie kann es dann sein, dass immer wieder

Leute auf sogenannte Phishing-Mails hereinfallen, mit denen Betrüger Kontodaten auskundschaften? Die Phishing-Mails, die mich so erreichen, haben ungefähr folgenden Wortlaut: «Sehr Herr geehrt. Dies ist belangwichtig Dokument von dein Bank! Bitte schick Antwort JETZT! mit PIN und alle TANs an diese Adresse, schick bitte. Könne sehr danke auch anfüg Kreditkartnumm un Prüfsiff. Dank und Glück viel! Ihr Bank.» Kann man so eine Mail ernsthaft beantworten? Oder anders gefragt: Wie viele Menschen würden darauf hereinfallen, wenn ich einen Pappkarton mit einem Schlitz neben einen Geldautomaten stelle, einen Edding daranhänge und darauf schreibe: «Bitte PIN auf EC-Karte notier und einwerfe hier»?

Ich fürchte, es wären einige. Menschen machen manchmal nicht ganz so schlaue Dinge (Waldbröl-Jupp mal ausgenommen). Anders kann ich mir nicht erklären, dass eine Banken-Gruppe in Hongkong sich genötigt sah, einen Aufkleber auf all ihren Geldautomaten anzubringen. Einen kleinen Sticker mit folgender Aufschrift:
 «Please remember to take your money.»

BÜGELBÜCHER

«Wann??? Sagt's mir endlich! Wann?!?», frage ich die zwanzig Hörbücher, die vor mir liegen, und schaue sie traurig an. Sie sagen es mir nicht. Über 40 Stunden Geplapper auf über 40 CDs und trotzdem keine Antwort auf meine Frage: Wann hört man eigentlich Hörbücher?

Aber von vorn.

Ich hatte mich wirklich gefreut, als in meiner Nachbarschaft ein Hörbuchladen aufmachte. Schon am ersten Tag stand ich in dem Geschäft und bewunderte das Sortiment: Christian Ulmen liest David Sedaris, Rufus Beck liest Harry Potter und Ben Becker liest, stöhnt und rülpst die Bibel. An der Kasse stand eine graumelierte Brillenbügel-Lutscherin, die mir sofort vier Alfons-Schuhbeck-CDs unter die Nase hielt. Mit tiefer Stimme befahl sie: «Kaufen Sie das! Sie müssen das kaufen! Was dieser Mann über Gewürze weiß, ist unfassbar!» Dabei rollte sie die Augen, als hätte sie zu viel Muskatnuss genascht. Ich habe die CDs tatsächlich mitgenommen, obwohl ich schon bei Schuhbecks Kochsendungen wahnsinnig werde, wenn er zum siebten Mal davon schwärmt, wie viele Antioxidantien im Ingwer sind, aber kein einziges Mal verrät, ob's denn schmeckt.

Ich habe auch alle anderen CDs gekauft, die mir die Herrin der Hörbücher empfohlen hat. Sogar «Die Ritterburg» aus der Kinder-Reihe «Wieso? Weshalb? Warum?». Und das nur, weil mich die Verkäuferin gefragt hat: «Wissen Sie, was ein Bergfried ist? Na also.»

Doch schon auf dem Weg nach Hause überlegte ich: «Wann und wo soll ich das eigentlich hören?»

Als Erstes versuchte ich es auf der Couch. Ich machte es mir gemütlich und startete die erste CD: «Ich bin dann mal weg», gelesen von Hape Kerkeling. Nach zwei Minuten war auch ich weg, denn ich hatte es mir offensichtlich *zu* gemütlich gemacht. Als ich nach einer halben Stunde wieder aufwachte, nahm ich die Kissen weg, drehte mich in die Seitenlage, stützte den Kopf auf eine Hand und startete die CD erneut. Diesmal schaffte ich vier Minuten. Nach einer weiteren Stunde erwachte ich wieder und fragte mich, ob der Handabdruck auf meiner Wange je wieder verschwinden würde und wie lange ich mit dieser Methode des Hör-Schlafens für Hape Kerkelings sechs CDs wohl brauchen würde. Mit Sicherheit länger als er für die Wallfahrt.

Also lud ich meine gesamten Einkäufe aufs iPhone und versuchte, sie unterwegs zu hören. Das brachte mich zwar inhaltlich weiter, aber leider auch in Lebensgefahr. Ich bin nun mal ein Mann und kann mich deshalb nur auf eine Sache konzentrieren: *entweder* auf die Charaktere aus Stieg Larssons Krimis *oder* auf den Verkehr. Dem Hupen nach zu urteilen, plädierten alle Autofahrer dafür, dass ich mich für den Verkehr entschied. Ich schaltete mein iPhone wieder aus.

Auch meine Joggingrunde im Wald erwies sich als hörbuchuntauglich. Erstens bin ich beim Laufen viel zu sehr damit beschäftigt, meine elementaren Körperfunktionen in Gang zu halten (Herzschlag, Atem etc.). Da höre ich nichts, dafür pocht das Blut in meinen Ohren viel zu laut. Zweitens fallen mir handelsübliche Kopfhörer beim Joggen immer aus den Ohren. Ich weiß nicht, warum, offenbar habe ich besonders ausladende Gehörgänge. Vielleicht leiden meine Ohren auch an Bulimie, irgendwas läuft da jedenfalls schief. Ich könnte mir natürlich ein paar riesige DJ-Kopfhörer kaufen, aber wenn dann jemand herausfindet, dass ich damit nicht David Guettas «When Love takes over», sondern Alfons Schuhbecks Loblied auf den Kardamom höre, lachen mich die Leute doch aus. Und es reicht ja, wenn sie das wegen meines Laufstils tun.

Irgendwann fiel mir dann mein Bruder ein. Wenn der mit seiner Familie im Auto unterwegs ist, dauert es nie lange, bis eines der Kinder fragt: «Wie weit isses denn noch?»

Dann dreht er sich um und sagt: «Noch zwei Pumuckl!»

Daraufhin legt er schnell die nächste CD ein oder drückt bei der eben gehörten nochmal auf «Play». Kindern ist es nämlich egal, ob Pumuckl gerade zum ersten oder zum siebzehnten Mal die Ostereier in der Dachrinne versteckt. Meinem Bruder und seiner Frau ist es eigentlich nicht egal, aber da ihnen die Pumuckl-Dauerbeschallung Ruhe im Fond verschafft, haben die beiden in ihren Gehörgängen eine Art Hans-Clarin-Filter entwickelt – direkt neben der Rolf-Zuckowski-Barriere.

Sie nehmen es einfach nicht mehr wahr. Sie starren vor sich hin auf die Straße und merken noch nicht mal, wenn die CD aus ist, bis ihr Erstgeborener «Eins! Jetzt Pumuckl Nummer zwei!» schreit und sie wieder die Play-Taste drücken.

«Was bei Kindern funktioniert, muss doch auch bei mir klappen», dachte ich mir. «Hörbücher eignen sich perfekt für lange Autofahrten.» Die Sache hat nur einen Haken: Man muss sie auch mitnehmen, wenn man eine lange Autofahrt antritt. Das vergesse ich leider jedes Mal. Dann stehe ich wieder auf der A1 kurz vor dem Kamener Kreuz und beiße ins Lenkrad, weil ich statt der «Starken Stimmen» der «Brigitte»-Hörbücher doch wieder nur die dünnen Stimmchen der DSDS-Gewinner im Radio höre. Beim letzten Mal hielt ich aus lauter Frust an einer Tankstelle, kaufte mir ein Sandwich und eines der billigen Hörspiele aus dem Angebots-Ständer. Ich glaube, es hieß «Im Sog der Hölle», und der Synchronsprecher von Bruce Willis raunzte zwei Stunden von Psychokillern und Nuttenschlitzern, die thailändische Ladyboys ausweideten. Bis ich dann an der nächsten Raststätte sowohl die CD als auch das Sandwich wieder auswarf. Seitdem habe ich 21 ungehörte Hörbücher zu Hause liegen.

Irgendwann kam dann mein Freund nach Hause und erwischte mich am Bügelbrett.

«Ähm, warum bügelst du meine Unterhosen?», fragte er.

«Weil ich endlich meine Hörbücher hören will, und das geht nur beim Bügeln», antwortete ich.

«Ach so?», fragte Stefan, wenig überzeugt.

«Ja», sagte ich. «Beim Bügeln bleib ich wach, beim Bügeln kann man zuhören, ohne überfahren zu werden, und das

Bügelbrett kann man sich direkt neben den CD-Spieler stellen. Hörbücher sind eigentlich Bügelbücher!»

«Das erklärt aber noch immer nicht, warum du ausgerechnet die Unterhosen bügelst.»

«Weil ich alle Hemden und Hosen schon durchhabe und trotzdem erst bei CD Nummer drei bin!»

Stefan nickte.

Dann fragte er: «Wie wär's denn, wenn du dir keine Hörbücher mehr kaufst, sondern ganz normale Bücher und die einfach auf der Couch liest, wie früher auch?»

Ich schnappte nach Luft und suchte eine pfiffige Antwort. Mir fiel keine ein. Stattdessen bügelte ich die erste Sportsocke.

«Leg mir lieber die nächste CD ein!», brummte ich dann noch.

Stefan zuckte die Schulter. Dann ging er zum CD-Spieler, und ich glaube, ganz zufällig war seine Auswahl nicht.

Tommy Jauds «Vollidiot».

HOUSEKEEPING

Jahrelang habe ich mich geweigert, in Hotels das «Bitte nicht stören»-Schild an die Tür zu hängen. Ich bin der Überzeugung, dass man das nur tut, wenn man dahinter hemmungslosen Sex hat. Ich habe da sofort eine Filmszene im Kopf: Mann und Frau gehen ins Hotelzimmer. Die Tür öffnet sich noch einmal. Wir sehen die Hand des Mannes: Er hängt das Schild an den Griff. Die Tür schließt sich wieder, und danach wird geknöpert, bis die Minibar scheppert. Jedes Mal, wenn ich in einem Hotel ein Pärchen aus einer Tür mit Schild kommen sehe, kann ich mir ein anerkennendes Grinsen nicht verkneifen. Und wenn es eine Einzelperson ist, bekomme ich ein bisschen Mitleid, möchte sie in den Arm nehmen und sagen: «Na ja, es kann doch auch alleine schön sein!» Vielleicht ist das nur meine ganz private Theorie, aber sie ist gut in mir verwurzelt.

Seit meinem letzten Hamburg-Besuch greife ich aber immer öfter zum «Nicht stören»-Schild. Nach einer lustigen Kieztour wurde ich da am nächsten Morgen um halb zehn vom vehementen Klopfen des Housekeepings geweckt. (Allein das Wort finde ich verräterisch. Früher hieß das «Zimmerservice», aber «Housekeeping» verdeutlicht viel besser, was uns die Hoteliers damit sagen wollen: «Guten Morgen, fremder Mensch, wir wollen unser Haus gern behalten, also verzieh dich.»)

Mein Schädel brummte, ich hatte nur eine Unterhose an, schlang mir deshalb meine Bettdecke um die Schultern, schlurfte an die Tür, stellte mich vor das polnische Hausmädchen und stammelte: «Bitte ... hier ... nicht ... rein!» Ich fühlte mich wie Gandalf, der sich im «Herrn der Ringe» dem Balrog entgegenstellt. Und mit der Bettdecke um meine Schultern sah ich vermutlich auch so aus. Wer den Film kennt, weiß, wie es weitergeht: Der Balrog stürzt, reißt aber im letzten Moment Gandalf mit seiner Feuerpeitsche in die Tiefe. Die Reinigungskraft hatte zum Glück keine Feuerpeitsche zur Hand, nur einen Staubsauger. Trotzdem schloss ich schnell die Tür, legte mich wieder ins Bett und schlief sofort ein. Bis ich nach fünf Minuten wieder vom Putz-Balrog wachgeklopft wurde. Und nach zehn Minuten. Und nach 15 Minuten.

Nach 20 Minuten übrigens nicht, da kam stattdessen der Minibar-Service.

Im Grunde sind Hotels eine Art ausgelagertes Elternhaus. Früher kam Mama morgens in dein Jugendzimmer, riss die Vorhänge auf und schmetterte: «Junge, es ist halb elf, willste nicht bald mal aufstehen?» Heute kommt Urszula in dein Hotelzimmer und fragt: «Kanne jetze putze?» Beide akzeptieren kein «Nein».

Und wer schon mal versucht hat, in einem Hotel einen Tag im Zimmer zu verbringen, weiß, wie sich ein Suizidgefährdeter in einer psychiatrischen Klinik fühlen muss: Man ist keine fünf Minuten allein. Ständig klopft es, ruft es und klappert es an der Tür. Alle fünf Minuten möchte jemand irgendetwas putzen, auffüllen oder austauschen. Die Minibar, die Zeitschriften, die Kosmetikartikel – alles muss immer komplett sein. Man liest ja oft die Geschichte von dem Hotelgast, der verdorrte, weil die Bodylotion nicht rechtzeitig aufgefüllt wurde. Das will kein Hotelier riskieren. Und so schicken sie ihre Heerscharen, und die rufen dann Tag und Nacht «Minibar!», «Second Service!» und immer wieder «Housekeeping!». Eigentlich wartet man nur noch darauf, dass jemand klopft und sagt: «Guten Tag, ich bin vom Guest-Watching! Ich muss mich mal eben hier in die Ecke stellen und Sie ein bisschen anstarren!»

Deshalb hänge ich jetzt, entgegen meiner ganz privaten Theorie, das «Bitte nicht stören»-Schild brav an die Tür. Und muss wohl mit den Konsequenzen leben. Als ich neulich in Berlin war, hat mich ein Freund besucht und aus Kostengründen mit mir in meinem Doppelzimmer übernachtet. Wir haben das Schild rausgehängt, am nächsten Tag ging mein Kumpel an die Rezeption und sagte: «Ich habe heute Nacht beim Herrn Barth im Zimmer übernachtet. Muss ich dafür was bezahlen?»

«Nein», antwortete die Rezeptionistin. Dann schaute sie ihn prüfend an und fragte: «Muss er?»

MARIA FURTWÄNGLER TRÄGT DIE NUANCE 8.13

Ich mache mir ein bisschen Sorgen um meinen Kopf. Ich habe einen wirklich großen Kopf. Mir passt kein Hut und keine Baseballkappe. Ich könnte höchstens eine von diesen extrem dehnbaren amerikanischen Rapper-Strumpfhosen aufsetzen. Aber mit der amerikanischen Rapper-Szene habe ich so viel zu tun wie Carmen Nebel mit Knorkator. Außerdem würden meine kurzen Stoppelhaare vermutlich durch die Maschen der Strumpfhosenmütze durchspitzen. Das sähe dann aus, als würde ich Kresse auf meinem Kopf züchten. Also lieber keine Kopfbedeckung.

Aber das ist gar nicht das eigentliche Problem mit meinem Kopf. Denn obwohl er so groß ist, habe ich Angst, dass er irgendwann einfach platzt. In meinem Kopf geht es zu wie bei einer polnischen Media-Markt-Eröffnung: Jeden Tag strömen neue Informationen in ihn hinein, prügeln sich um die besten Plätze und krallen sich an meinen Synapsen fest. Und manchmal habe ich das Gefühl, dass keine einzige dieser Informationen meinen Kopf je wieder verlässt. Und wenn, dann nur die wichtigen, wie PIN-Codes, Adressen und Vornamen engster Familienmitglieder. Unnötigen Schrott dagegen vergesse ich *nie*. Hätten Sie gewusst, dass sich Delphine bei der Nahrungssuche kleine Schwämme über die Schnauze stülpen, um ihre Nase nicht zu verletzen? Sehen Sie, ich schon! Irgendwo mal gelesen, nie mehr vergessen. So geht das ständig.

Eine Freundin von mir hat mal gesagt: «Im nächsten Leben möchte ich doof geboren werden. Also so richtig, RICHTIG doof. So doof, dass es sogar RTL zu peinlich wäre, mich vor die Kamera zu zerren. Dann würde ich mich den ganzen Tag hinsetzen, den Kopf abwechselnd nach links und rechts kippen und meinem Hirn beim Kullern zuhören.» Ich kann diesen Wunsch so gut verstehen. Auch wenn ich seit «Schwiegertochter gesucht» nicht mehr glaube, dass RTL irgendetwas peinlich ist.

Ärzte haben mir geraten, ich müsse dringend lernen abzuschalten. Wenn ich das Wort schon höre! «Schalten Sie mal ab!», lese ich immer wieder, meistens in Werbeprospekten von Wellness-Landschaften. «Entspannen Sie sich, lassen Sie die Seele baumeln!» Und dann kaufe ich eine Eintritts-Karte, mit Dampfbad und Sauna und Litchi-Aufguss, und dann baumelt alles, aber die Seele ist nie dabei. Wie soll ich denn abschalten, wenn sich um mich herum Hunderte nackter Menschen mit rätselhaften Tätowierungen und bizarren Intimfrisuren im Whirlpool fläzen und über Fußballergebnisse und Dr.-Oetker-Trend-Torten unterhalten? Danach kommen alle anderen völlig entspannt aus der Sauna, während ich mich frage, warum der HSV in Nürnberg 0:2 verloren hat, Dr. Oetkers Maulwurfkuchen so fluffig ist und sich Männer ein Hitlerbärtchen über dem Pimmel frisieren.

Wenn ich trotzdem ab und zu ein Thermalbad aufsuche, dann nur, um etwas Selbstbewusstsein zu tanken. Falls Sie jemals das Gefühl haben, unförmig und untrainiert zu sein – gehen Sie sofort in ein Thermalbad! Schon nach drei Sekunden werden Sie sich denken: «Mensch, da sitzen ja Kaliber rum! Dagegen bin ich die reinste Granate!» Es sei denn, Sie sind selbst eins von diesen «Kalibern», dann funktioniert das natürlich nicht.

Übrigens hat mir eine Freundin, die mal in einem Thermalbad gejobbt hat, erzählt, dass sie nach dem Ende der Badezeit immer mit einem Schäufelchen ins Eiswasserbecken steigen musste. Das kalte Wasser kann nämlich vor allem bei älteren Menschen zu unerwünschten Schockreaktionen des Verdauungstrakts führen. Sehen Sie – so was merke ich mir!

Und kürzlich kam ich an einem L'Oréal-Plakat vorbei, auf dem die strahlend schöne Maria Furtwängler neben einer Packung Haarfärbemittel abgebildet war und an dessen unterem Rand in extrem kleiner Schrift stand: «Maria Furtwängler trägt die Nuance 8.13.» Seit ich das gelesen habe, werde ich folgende Fragen nicht mehr los:
— Wenn Frau Furtwängler eine Coloration trägt – wie sehen ihre Haare dann ungefärbt aus?
— Ist die Nuance 8.13 heller oder dunkler als die Nuance 8.12?
— Und trägt Maria Furtwänglers Mann, Hubert Burda, auch eine Nuance?
— Sitzen die zwei manchmal zusammen in der Badewanne und nuancieren sich gegenseitig die Haare?

Es ist traurig: Ich musste kürzlich eine halbe Stunde überlegen, wer denn im Moment unser Innenminister ist. Aber ich weiß, dass Maria Furtwängler die Coloration 8.13 trägt. Ausgerechnet ich, für den das noch nicht mal einen praktischen Nutzen hat. Natürlich könnte ich mir jetzt auch die Nuance 8.13 kaufen, aber dann sähe es ja so aus, als würde ich nicht nur Kresse auf meinem Kopf züchten, sondern sie auch noch blondieren!

Aber wissen Sie, was mich tröstet? Ich bin jetzt nicht mehr der Einzige, der weiß, dass Maria Furtwängler die Nuance 8.13 trägt. Sie wissen das jetzt auch! Und es sollte mich sehr wundern, wenn Sie das jemals wieder vergessen. Ich bin auch sicher, dass Sie sich das nächste Mal, wenn Sie einen Delphin sehen, fragen werden, wo er denn sein Nasen-Schwämmchen gelassen hat. Und dass Sie bei Ihrem nächsten Thermalbadbesuch ganz genau auf den Boden des Eiswasserbeckens schauen werden.

Also, nur nochmal zur Sicherheit: Welche Nuance trägt Maria Furtwängler? Sehr richtig: 8.13! Nicht vergessen! 8.13!

CRASHKURS KARNEVAL

Seit ich in Köln wohne, werde ich immer wieder von auswärtigen Freunden gefragt, wie man als normaler Mensch am Karneval Spaß haben kann. Dabei ist mir aufgefallen, dass diese Freunde meistens gar keine Ahnung vom Karneval haben. Der Kölsche «Fasteleer» ist ein hochkomplexes und geradezu mystisches Fest, das auch ich nach zehn Jahren noch immer nicht ganz durchschaut habe. Aber um mir weitere Fragen zu ersparen und den ein oder anderen vielleicht doch noch für den Karneval zu begeistern, gebe ich das, was ich bisher verstanden habe, gerne an Nicht-Kölner weiter:

Der Kölner Karneval beginnt traditionell am Aschermittwoch mit dem sogenannten Eintrinken für die nächste Session. Man geht gemeinsam in eine Kneipe (sofern man nicht sowieso noch dort liegt), lässt die vergangenen Karnevalstage Revue passieren, schwört sich, nie wieder Kölsch zu trinken, und trinkt anschließend Kölsch.

(Das Kölsch und vor allem die kleinen Gläser, in denen es

serviert wird, sorgen bei Auswärtigen immer wieder für Belustigung. Man sollte aber wissen, dass die Kölner Witze über ihr Bier genauso lustig finden wie die Engländer Witze über das Tor von Bloemfontein. Und spätestens wenn man dem Kellner zum zweiten Mal erzählt hat, dass das Zeug «nach Pisse schmeckt», kann man relativ sicher sein, dass man beim dritten Mal genau das serviert bekommt.)

Der Alkoholkonsum wird dann übers ganze Jahr kontinuierlich gesteigert. Spätestens im November, meistens am 11., sind dann alle so besoffen, dass sie glauben, es wäre schon Weiberfastnacht. Dann kostümieren sie sich und strömen in die Kneipen. Erst am nächsten Tag bemerken sie ihren Irrtum, schwören sich, nie wieder Kölsch zu trinken, und trinken darauf ein Kölsch.

An Weiberfastnacht passiert dann mit der Stadt dasselbe, was mit einem vierzehnjährigen Teenager passiert, der vier Wochen nicht onaniert hat: Sie explodiert.

Viele glauben ja, Karneval wäre gleichbedeutend mit den im Fernsehen ausgestrahlten Prunksitzungen. Das ist falsch. In die Prunksitzungen werden nur die alten und hässlichen Menschen geschickt, damit die jungen und gutaussehenden in den Kneipen ungestört feiern können. Man trifft sich dort, trinkt Kölsch, schunkelt und «bützt». Aber aufgepasst: «Bützen» ist nicht dasselbe wie «knutschen»! «Knutschen» ist wesentlich intimer und mit viel mehr Gefühlen verbunden als «bützen». Beim «Bützen» handelt es sich um einen ganz gewöhnlichen Geschlechtsverkehr.

Die vielleicht wichtigste und auf jeden Fall ehrenvollste

Aufgabe im Straßenkarneval kommt den sogenannten Wildpinklern zu. Ähnlich wie die Sternsinger am Dreikönigstag ziehen sie an Weiberfastnacht singend von Haus zu Haus und hinterlassen einen Gruß im Eingangsbereich, der den Einwohnern Glück bringen soll.

Die Zeit vom Karnevalsfreitag bis einschließlich -sonntag verbringt man dann damit, den Donnerstagsrausch auszuschlafen und dem Ehepartner zu erklären, dass die Nummer mit den vier australischen Arzthelferinnen auf dem Reiterstandbild am Heumarkt ein wirklich einmaliger Ausrutscher war.

Den krönenden Abschluss der Karnevalstage bildet der Rosenmontagszug. Man verabredet sich mit Freunden, singt, schunkelt und trinkt zusammen. Da sich viele schon vormittags treffen und dann noch keine Lust auf Kölsch haben, entscheiden sie sich für etwas Leichteres. Zum Beispiel Wodka mit Feige. Übrigens nehmen viele Kölner zum Rosenmontagszug auch Menschen mit, die sie nicht so gerne mögen. Das hat weniger mit Versöhnung und Toleranz zu tun als mit der Hoffnung, dass einer der nervigen Nachbarn durch eine vom Wagen geworfene Merci-Packung niedergestreckt wird. Die Chancen stehen ganz gut!

Angeblich gibt es auch noch einen Karnevalsdienstag, das halte ich aber für ein Gerücht. Ich habe ihn jedenfalls noch nie erlebt. Nach einem erfolgreich verbrachten Rosenmontag muss man sich schließlich ausruhen. Denn, wie gesagt: Am Aschermittwoch geht's schon wieder los.

UNSOCIAL TIMEWASTING

Wenn es irgendetwas gibt, das ich in meinem Leben unbedingt noch machen will, dann ein Internet-Start-up gründen. Dabei geht es mir gar nicht so sehr darum, das Internet zu revolutionieren oder ein Unternehmen zu leiten. Nein, eigentlich will ich nur absurd reich werden.

Und dieses Ziel erreicht man heutzutage nur über zwei Wege: Entweder auf die krumme Tour, das scheidet für mich aber aus, denn ich habe so viel kriminelle Energie wie ein frisch geborenes Robbenbaby.

Bleibt nur der zweite Weg: ein Internet-Start-up. Das funktioniert folgendermaßen: Irgendein pizzamampfender College-Student hat eine Idee und baut sich eine Webseite dazu. Die wird zuerst nur von seinen Freunden benutzt, aber dann meldet sich auf einmal Ashton Kutcher an. Nach einem halben Jahr und fünf Millionen weiteren Nutzern bemerken auch die Printmedien die Seite, Google kauft das Unternehmen für acht Zilliarden Dollar, und der Student erfüllt sich seinen Lebenstraum: eine Gold-Member-Card bei Pizza Hut.

Anfangs mussten diese Webseiten noch irgendeinen praktischen Nutzen haben: Mit Google konnte man Internetseiten finden, bei Amazon Bücher bestellen, bei YouTube Filme anschauen und bei YouPorn auch Filme anschauen.

Dann dachte sich irgendjemand: Warum muss denn immer alles nützlich sein? Dieser jemand erfand dann Facebook – eine Internetseite, über die man mit Tausenden von Menschen in Kontakt bleiben kann, die einen schon seit Jahren nicht mehr interessieren. Es gibt dort ein kleines Eingabefeld, neben dem steht: «Facebook – was machst du gerade?» Und in dieses Feld tragen die Nutzer Dinge ein wie: «Mach mir jetzt mal 'nen Kaffee.»

Und das sind noch die Schlauen. Die Dummen tragen immer dasselbe ein: «Surfe gerade bei Facebook.» Und damit hat der Erfinder der Seite Milliarden gemacht. Klingt absurd? Dann lassen Sie uns mal über Twitter reden: Während Facebook eine Möglichkeit ist, mit Menschen in Kontakt zu bleiben, die einen nicht mehr interessieren, ist Twitter eine Möglichkeit, mit Menschen in Kontakt zu bleiben, die man noch nicht mal kennt! Die können dann zu *Followern* werden und alles lesen, was man so schreibt. Vor allem für Menschen mit Verfolgungswahn muss es eine tolle Sache sein, wenn sie in ihren Account schauen und zu sich sagen können: «Ha, wusste ich's doch, mir folgen 2058 Leute!»

Das alles ist, zusammen mit Xing, studiVZ und wer-kennt-wen, Teil des «Social Networking», ohne das mittlerweile überhaupt nichts mehr geht. Zumindest bis heute, denn jetzt komme ich mit meiner neuen Idee. Einen Namen habe ich noch nicht dafür, aber ich habe schon mal folgende Pressemitteilung geschrieben:

Nach «Social Networking»:
Erste Plattform für «Unsocial Timewasting» gegründet

Köln. Vergessen Sie Twitter, Facebook und studiVZ – die Zukunft gehört dem «Unsocial Timewasting». Davon ist zumindest der Schöpfer dieses Begriffs überzeugt: Markus Barth, ein pizzamampfender Ex-Student.

«Was mich an den Social-Networking-Seiten immer gestört hat, war, dass man sich damit auf die Dauer eine Art soziales Netzwerk aufbaut», so Barth. «Dabei will man doch einfach nur ein bisschen Zeit im Internet verplempern!»

Damit ist beim Unsocial Timewasting Schluss. «Meine Seite ist von jeglichem Bedeutungsballast befreit. Es gibt keine lästige Interaktion mit anderen Nutzern. Unsere User können auf der Seite jederzeit eintragen, was sie gerade so machen, und dann selbst überprüfen, ob das stimmt.»

Doch das ist nicht alles. Ähnlich wie bei Facebook wird es auf seiner Seite auch zahlreiche Quiz-Funktionen geben, so Barth. «Bei ‹Weiß ich's?› zum Beispiel können sich die Nutzer selbst Wissensfragen stellen. Natürlich am besten solche, die sie selbst beantworten können, denn jemand anders wird es garantiert nicht tun.» Und sogar «gruscheln» und «anstupsen» kann man – allerdings ausschließlich sich selbst.

Einen Namen hat Barth für seine Internetseite noch nicht. «Ich suche noch die passende Mischung aus trendy und debil. Meine derzeitigen Favoriten sind Shnoops, Friggle oder BumsdiVZ.»

Und wenn das doch nichts wird, gründe ich die längst überfällige Hundeversion von wer-kennt-wen:
«wer-schnueffelt-wem-am-hintern.de»

MIT «TUTTI FRUTTI» STIMMT WAS NICHT

Homosexualität wird überbewertet. All dieses Geplapper und Geschreibe und Gewese um schwule Politiker, schwule Showstars und schwule Fußballer interessiert mich nicht für fünf Cent. In einer Zeit, in der sogar ein so spießiger Stimmungs-Schockfroster wie unser Außenminister schwul sein kann, muss doch auch der letzte Himbeertoni einsehen, dass Homosexualität nichts Besonderes ist.

Das Einzige, was mich immer wieder bei anderen Schwulen interessiert, ist die Frage, wann und wie sie gemerkt haben, dass sie die Briefmarke lieber von der anderen Seite lecken. Aber auch nur, weil ich hoffe, dass irgendjemand einmal eine noch erbärmlichere Geschichte zu bieten hat als ich.

Ich war elf Jahre alt, gerade in der vierten Klasse, und «Sex» war ein Wort, das man sich auf dem Spielplatz hinter vorgehaltener Hand zuflüsterte, um dann zwei Stunden hemmungslos zu kichern. Die Mädchen hatten noch keine Brüste (oder ich habe sie nicht bemerkt, was im Nachhinein fast noch wahrscheinlicher ist), und für uns Jungs hatte der Penis genau zwei Funktionen: pinkeln (selbst) und dran ziehen (bei anderen).

Ein Klassenkamerad hatte sich als Kandidat bei «1, 2 oder 3» beworben, der Kinder-Quiz-Show, die wir damals alle schauten und bei der gerade Biggi Lechtermann Michael Schanze abgelöst hatte. Wir alle hassten Biggi Lechtermann, weil sie den Finger-in-den-Mund-Plopp abgeschafft und stattdessen drei Zeichentrick-Figuren eingeführt hatte (die «Drollinge»), die in Sachen Debilität jedem Olympia-Maskottchen den Rang abliefen. Als mein Mitschüler dann aber tatsächlich ausgewählt wurde und mich als zweiten Kandidaten mitnehmen wollte, beschloss ich, meinen Groll runterzuschlucken und Frau Lechtermann eine Chance zu geben. Wir flogen also nach Hamburg, hüpften unter Biggis Obhut ein paar Mal von links nach rechts und bekamen zum Schluss jeder einen Preis. Bei mir war das ein Schwarz-Weiß-Fernseher. (Ich weiß bis heute nicht, warum das ZDF 1988, zwanzig Jahre nach der Einführung des Farbfernsehens, noch Schwarz-Weiß-Fernseher verschenkt hat. Wahrscheinlich war «1, 2 oder 3» so eine Art Wertstoffhof des Lerchenbergs, wo alles entsorgt wurde, was die Redakteure aus ihren Büros haben wollten. Ich bin froh, dass man mich nicht mit einem alten Bürostuhl nach Hause schickte.)

Das Timing dieses Gewinns war einfach phantastisch, denn genau zu dieser Zeit wurde in unserer Straße Kabelfernsehen verlegt. Und das hieß für mich: Ich konnte endlich mitreden, wenn auf dem Schulhof die Fernsehsendung diskutiert wurde, die damals ganz Deutschland bewegte. Die die Gemüter erhitzte, die jeder kannte und trotzdem keiner schaute: «Der

Preis ist heiß!» Diese Show hatte einfach alles, was die deutschen Fernsehzuschauer wollten: einen schmierlappigen Holländer, Models, die breit grinsend ihre ausgestreckte Hand an Fritteusen auf und ab gleiten ließen, und absurd hohe Preise für absurd wenig Gegenleistung. Sogar Walter Freiwald war damals für uns so eine Art Popstar unter den Moderatoren. Heute ist er eher so eine Art Walter Freiwald unter den Moderatoren.

Doch es kam die Zeit, wo immer weniger meiner Mitschüler über «Der Preis ist heiß» sprachen, weil es plötzlich eine Sendung gab, über die man zwar nicht sprach, dafür umso mehr tuschelte. Sie hieß «Tutti Frutti». Immer öfter hörte ich von dieser Sendung flüstern, ich hörte von der *Kirsche* und der *Erdbeere*, von *Länderpunkten*, von *Möpsen* und von *chin-chin*. So richtig angefixt war ich aber erst, als mir ein Freund hinter vorgehaltener Hand anvertraute, er habe beim Schauen von «Tutti Frutti» eine geheimnisvolle dritte Funktion seines Penis entdeckt.

Ich wartete den nächsten Sonntag ab, verschloss meine Zimmertür und schaltete RTL ein. Und da waren sie: die Erdbeere, die Kirsche und vor allem ganz, ganz viele Möpse. Was nicht kam, war die dritte Penisfunktion. Ich saß vor dem Fernseher wie ein Vierjähriger, der sich zu Weihnachten eine Carrerabahn gewünscht hat und eine Kinderbibel bekommt. Das sollte es also sein? Das ganz große neue Ding? Das Heißeste vom Heißen? Die Sendung, die Fünftklässer erröten und Gliedmaßen wachsen lässt? Ich war ratlos. Selbst «Der Preis ist heiß» erregte mich mehr als dieses «Bikini auf – Bikini zu».

«Okay», dachte ich, «vielleicht liegt's an meinem

Schwarz-Weiß-Fernseher. Vielleicht muss man Möpse in Farbe sehen, um den Zauber nachvollziehen zu können.»

Ich wartete also auf einen Sonntag, an dem mein Bruder nicht zu Hause war, und schaute «Tutti Frutti» auf seinem Farbfernseher. Wieder nichts.

Irgendwann gab es «Tutti Frutti» dann sogar in 3-D, alle meine Freunde hatten sich Brillen besorgt, alle waren begeistert von den gigantischen Melonen, die ihnen da aus dem Bildschirm entgegenwuchsen. Nur ich saß mit meiner grün-roten Brille ratlos vor dem Fernseher und zählte aus lauter Langeweile die Fischchen, die hinter den Stripperinnen im dreidimensionalen Raum schwammen. 238 waren es, falls das jemanden interessiert.

Mir war klar: Mit «Tutti Frutti» stimmt was nicht. Aus lauter Verzweiflung beschloss ich, es mal mit den Siebziger-Jahre-Softpornos zu versuchen, die RTL damals im Programm hatte. «Schulmädchenreport». Nichts. «Sunshine Reggae auf Ibiza». Nichts. «Beim Jodeln juckt die Lederhose». Wieder nichts. Was war denn da los? Warum geschah da unten denn nichts? Den Schilderungen meiner Freunde zufolge hätte ich längst freihändig die Programmtasten meines Fernsehers bedienen müssen!

Tat ich aber nicht. Ich war frustriert und wollte gerade den Fernseher ausmachen. Doch da lief bei RTL ein französischer Erotikfilm an. Der hatte den Vorteil, dass in ihm weder Karl Dall noch Konstantin Wecker oder gar Hugo Egon Balder mitspielten, sondern Männer, bei deren Anblick man nicht direkt beide Augen zukniepen musste. Danach war mir einiges klar.

Wie gesagt, keine Geschichte, die man mit stolzgeschwellter Brust am Kneipentresen erzählt. Aber kürzlich hat mich ein Freund tatsächlich übertroffen. Er wusste zwar nicht mehr genau, woran er gemerkt hatte, dass er schwul ist, aber was danach folgte, stellt meine «Tutti Frutti»-Geschichte in den Schatten: Er hatte zu dem Zeitpunkt nämlich noch eine Freundin, traute sich aber nicht, ihr zu sagen, dass das wohl auf Dauer gesehen nicht mit ihnen funktionieren kann. Er wusste einfach nicht, wie er es ihr beibringen sollte. Er wusste aber, dass sie Schnauzbärte hasst.

Den Rest können Sie sich denken.

SCHÖNER LEBEN MIT FRANZ KAFKA

Kürzlich habe ich einer Freundin am Telefon von meiner neuen Beziehung vorgejammert: Es war alles noch sehr frisch, lief auch ganz gut, aber irgendwie hatte ich das Gefühl, dass wir nicht so richtig zusammenpassen. Keine fünf Minuten später stand diese Freundin vor meiner Haustür, mit einem Kühlschrankmagneten in der Hand, auf dem der Spruch stand: «Verbringe nicht die Zeit mit der Suche nach einem Hindernis – vielleicht ist keines da! *(Franz Kafka)*»

Dazu habe ich drei Fragen:

Erstens: Wer ist auf die Idee gekommen, dass der Kühlschrank ein guter Platz für schlaue Sprüche ist? Toilettentüren verstehe ich. Da sitzt man und hat Zeit zu lesen. Aber Kühlschranktüren? Wenn ich zu meinem Kühlschrank gehe, dann weil ich Hunger habe. Tür auf, Essen raus, Tür zu. Da könnte ein toter Mäusebussard an der Tür kleben, ich würde ihn nicht bemerken. Gibt es wirklich Menschen, die zu ihrem Kühlschrank gehen und sich denken: «Boah, mir hängt der Magen auf halb acht, ich könnt' 'n Reh reißen. Aber halt, erst les ich noch dieses Oscar-Wilde-Bonmot!»?

Zweitens: Wie kann jemand einen so passenden Kühlschrankmagneten *zufällig* zu Hause haben? Kaufen Frauen so was auf Vorrat? Haben sie Magneten, Postkarten und bestickte Kissen mit Sätzen wie: «Auf Regen folgt Sonnenschein!», «Thorsten isses nicht wert!» und «Keine Angst, dein Amazon-Päckchen kommt schon noch!», die sie dann je nach Bedarf verschenken?

Drittens: Das Zitat ist von Franz Kafka. FRANZ KAFKA!!! Können wir uns alle mal kurz zurücklehnen und überlegen, was uns zu Franz Kafka einfällt? Denken wir da an einen glücklichen Menschen? An einen ausgeglichenen jungen Mann mit einer gut funktionierenden Beziehung, einem liebevollen Elternhaus und einem vor Gesundheit strotzenden Körper? An einen kleinen tschechischen Buddha, der versonnen unter einem Baum hockt und einen Schmetterling anschielt, der auf seiner Nase sitzt? Nennt man Kafka etwa den «Li-La-Launebär der Literatur»?

Ich glaube gerne, dass Kafka «seine Zeit nicht mit der Suche nach einem Hindernis» verbracht hat. Wenn Kafka seine Hindernisse hätte suchen müssen, wäre er wohl so blind gewesen wie ein Schweißer mit Lötbrillenallergie! Vaterkomplex, Blutsturz, spanische Grippe – aus gutem Grund ist «kafkaesk» kein Synonym für «fröhlich / heiter / sorgenfrei». Wenn man schon einen Kafka-Spruch auf Kühlschrankmagneten schreiben muss, dann doch einen, den man ihm auch zutraut: «Sorge dich nicht, stirb!» zum Beispiel. Oder: «Verbringe nicht die Zeit mit der Suche nach einem Hindernis – wahrscheinlich rafft dich mit 40 die Lungentuberkulose dahin!»

Das alles konnte ich der Freundin natürlich nicht sagen, ohne sie zu kränken. Ich habe den Magneten deshalb tatsächlich an meine Kühlschranktür geklebt. Den Spruch habe ich aber übermalt. Alles außer dem Namen. Jedes Mal, wenn es mir jetzt schlechtgeht (und ich nicht zu viel Hunger habe), stelle ich mich vor den Kühlschrank, lese das kleine kursive «*(Franz Kafka)*», atme tief durch und denke mir: «Also, dem ging's auf jeden Fall noch schlechter.»

DAVID BECKHAM IST AN ALLEM SCHULD

Es gibt vieles, das man an den Beckhams nervig finden kann. An Victoria zum Beispiel … alles. Bei David ist die Sache ein bisschen komplizierter. Aber wenn es etwas gibt, wofür er es definitiv verdient hätte, dass man ihm die Brustnippel um 360 Grad verdreht, dann ist das seine Vorreiter-Rolle in der sogenannten Metrosexualitäts-Bewegung.

Der Unsinn begann Anfang des dritten Jahrtausends: Heterosexuelle Männer wollten auf einmal all das machen, wofür sie vorher den Schwulen Beschimpfungen hinterhergerufen hatten. Nach dem Motto: «Maniküre, hautenge Klamotten, glänzende Gucci-Schläppchen: ja! Mehr als ein Penis im Bett: nein.»

Oder, wie es die Frau eines metrosexuellen New Yorker Galeriebesitzers im Internet beschreibt: «Ich will einen Mann, der mir sagt, dass die Schuhe nicht zum Outfit passen, und mir danach trotzdem die Kleider vom Leib reißt.» (Was natürlich Unsinn ist. Zum einen glaube ich nicht, dass irgendeine Frau jemals hören will, dass ihr Outfit nicht zu den Schuhen passt.

Zum anderen reißen metrosexuelle Männer keine Kleider vom Leib. Sie knöpfen das Kleid vorsichtig auf, streichen es glatt, gehen nochmal schnell mit dem Bügeleisen drüber und hängen es dann auf einen Bügel. Bis sie damit fertig sind, ist der Frau längst kalt und die Geilheit dahin.)

David Beckham war der Inbegriff des metrosexuellen Mannes, und eigentlich ist es ja auch kein Problem, sich zu pflegen. Die ganze Mode hatte aber zwei schlimme Begleiterscheinungen:

1. **Gezupfte Augenbrauen.** Männer mit gezupften Augenbrauen sehen aus wie Bullterrier mit rosa Haarspangen. Leider kann man das den Augenbrauen-Trimmern nicht sagen, weil die meisten von ihnen drei Mal in der Woche ins Fitness-Studio gehen und 400-Kilo-Hanteln stemmen. Deswegen rufe ich ihnen lieber aus der sicheren Entfernung meines Arbeitszimmers zu: Kein Mann sollte sich jemals die Augenbrauen zupfen! Natürlich ist es nicht schön, wenn dir ständig Menschen auf die zusammengewachsenen Brauen deuten und sagen: «Vorsicht, Ihr Schnauzer ist verrutscht!» Aber wird es wirklich besser, wenn man sich den Urwald auf zwei schmale Striche zusammenrasiert, die aussehen, als hätte man Fruchtfliegen auf der Stirn zerrieben?
2. **Der Unisex-Kleiderständer.** In immer mehr Bekleidungsgeschäften hängen Herren- und Frauenklamotten wild durcheinander. Das ist hip, das ist metrosexuell, das ist die Pest! Wo ist sie hin, die Herrenabteilung, in der mausgraue Anzüge hängen und eine dickliche Textilfachverkäuferin herumsteht, die einem sofort einen Zollstock an die Beine

presst, ein Metermaß um den Hals schlingt und abschätzig «Größe 46» nuschelt?

Weg sind sie, die Herrenabteilung und die dicke Verkäuferin. Mit fatalen Folgen. Neulich schlich ich in einem besonders hippen Laden in der Kölner Innenstadt völlig orientierungslos um die Unisex-Ständer. Irgendwann war es mir zu dumm, ich habe einfach zugegriffen und ein Teil herausgezogen. Schon kam eine Verkäuferin angegiggelt: «Hihi, Sie wissen aber schon, dass das für Frauen ist?»

«Nein, weiß ich nicht!», raunzte ich sie an. «Wie soll ich auch, ihr schreibt's schließlich nicht drauf!»

Die Verkäuferin gluckste weiter: «Aber das ist ein Minirock!»

Ich ließ mir nichts anmerken: «Na und? Ich bin metrosexuell, ich darf das tragen!»

Da endlich hörte die Verkäuferin auf zu kichern, brachte den Rock mit einem respektvollen Ausdruck im Gesicht zur Kasse, und ich trug ihn stolz nach Hause.

So, Herr Beckham, jetzt müssen wir mal reden: Sie sind schuld!

Sie sind schuld, dass ich einen sündhaft teuren Damenrock, Größe 36, in Pastellgelb zu Hause hängen habe. Mein Vorschlag: Sie kaufen mir den Rock einfach ab, und wir vergessen die Geschichte. Von mir aus geben Sie ihn auch dem Christiano Ronaldo, ist bestimmt nicht sein erster. Oder Sie tragen ihn selbst, zum Beispiel bei ihrem nächsten Spiel.

Wenn das dann aber nächstes Jahr zur neuen Herren-Mode wird, dann müssen wir nochmal reden.

LIEB GUCK

Es hätte ein so schöner Kneipenabend werden können. Aber dann hielt Mike mir sein Handy mit einer SMS unter die Nase.

«Wer ist Vanessa?», fragte ich.

«Erklär ich dir gleich. Jetzt lies erst mal».

Ich las die SMS laut vor:

Seh ich dich heute Abend? *lieb guck*.

Ich musste einen kleinen Würgereflex unterdrücken. «*lieb guck*?»

Mike nickte mit gesenktem Kopf. Ich überlegte kurz und tippte dann auf seinem Telefon herum: «Und jetzt soll ich dir zeigen, wie du die Frau aus deinem Handy löschst? Pass auf, du gehst auf ‹Kontakte› …»

Er riss mir das Telefon aus der Hand und schrie: «Nein! Bist du verrückt?»

«Wieso? Hast du unsere goldene Regel vergessen?!»

Die «goldene Regel» von Mike und mir entstand, als wir in einem Irish Pub an der Theke saßen und auf unser goldfarbenes Lager starrten. An diesem Abend bekam ich eine SMS von einer entfernten Bekannten; sie war gerade in der Stadt und fragte, ob sie bei mir schlafen könne. Leider hatte sie ans Ende ihrer SMS ein «*freu*» gesetzt. Da haben wir die goldene Regel verfasst:

«Wer *freu*, *lieb guck* oder *grins* in einer SMS oder E-Mail verwendet, wird sofort aus dem Adressbuch gelöscht, nie mehr kontaktiert, noch nicht mal auf der Straße gegrüßt.

Dasselbe gilt für Menschen, die lachende, zwinkernde und epileptisch hüpfende Smileys in ihren Nachrichten verwenden.

Wer hingegen die Formulierungen ‹ROFL› (Rolling on the floor laughing), ‹LOL› (Laughing out loud) und vor allem ‹hdgdl› (hab dich ganz doll lieb) verwendet, den würden wir sogar in einer polizeilichen Vernehmung hartnäckig verleugnen.»

Umso unverständlicher fand ich Mikes Reaktion.

«Jetzt sag schon, wer ist Vanessa?»

«Das erste vielversprechende Date seit sieben Jahren!», antwortete Mike.

Ich nickte verständnisvoll. «Okay, das ist natürlich doof. Aber – *lieb guck*? Was, wenn sie in der nächsten Mail ein ‹ROFL› schickt?»

«So was macht die nicht», antwortete Mike. «Vanessa ist ... ganz anders! Die ist so ... humorvoll und cool. Und trotzdem wahnsinnig weiblich und süß, aber nicht tussig und ... einfach großartig. Verstehst du das?»

Ich schaute ihn an und machte Gänsefüßchen in die Luft: «*Zustimmend nick*!»

Mike atmete tief durch: «Jedenfalls lass ich mir von einer doofen SMS nicht meine zukünftige Beziehung ruinieren!»

Eine alte Fahrradhupe ertönte. Mikes SMS-Ton. Wir schauten beide auf das Display:

Hast du mich etwa schon vergessen? *fragend schau*

Ich schaute Mike an: «Vielleicht von zwei doofen SMS?»

Er atmete tief durch.

«Ist sie wenigstens gut im Bett?», fragte ich ihn. «Oder macht sie ständig Gänsefüßchen in die Luft und ruft *stöhn stöhn*?»

«Mach dich nur lustig», sagte er, «du hast ja 'ne Beziehung! Aber ich sag dir: Single sein ist heutzutage echt scheiße!»

Da konnte ich ihm nicht widersprechen. In Sachen Dating leben wir in einer maximal komplizierten Zeit. Früher hat man jemanden kennengelernt, ihm in einem unbemerkten Moment auf den Hintern oder Ausschnitt geschielt, und dann wurde das entweder was oder eben nicht. Heute muss man nach so einem Date nach Hause rennen, die Person googeln und bei Facebook, Twitter und Xing aufspüren. Dann sollte man noch herausfinden, ob er oder sie «World of Warcraft» oder ähnliche Nerd-Beschäftigungs-Programme spielt. Und schließlich muss man noch YouTube und vor allem YouPorn nach Videos der Person durchsuchen. Und erst wenn all das keine verdächtigen Ergebnisse ergibt, dann kann man hoffen, einen einigermaßen vernünftigen Menschen gefunden zu haben. Oder einen Mitarbeiter des BND.

Mike schaute mich an: «Vielleicht schlage ich sie einfach mit ihren eigenen Waffen! Wie wär's, wenn ich schreibe: ‹Klar, heute Abend passt gut ... Übrigens: Findest du diese SMS-Sprache in Sternchen nicht auch irgendwie kindisch? *kritisch hinterfrag*› Klingt doch intelligent, oder?»

Ich schaffte es nicht, ihm zuzustimmen.

«Okay ... dann ignorier ich es eben», meinte Mike. «Dann ist das eben ihre süße kleine Macke! Andere Frauen lispeln, manche haben 'nen dicken Hintern, sie schreibt bescheuerte SMS. Na und? Das halte ich aus!»

Ich zuckte die Schultern. Es hatte keinen Sinn.

Die Fahrradhupe ertönte. Ich schaute Mike über die Schulter, während er Vanessas nächste SMS las:

```
Also, falls du mich wirklich vergessen hast,
wäre das echt schade. Ist vielleicht ein biss-
chen früh, aber ich hdgdl! Vanessa.
```

Ich biss mir auf die Zunge. Mike starrte auf das Handy und tippte dann los. Ich schaute ihm über die Schulter. Und war sehr stolz auf ihn:

```
Ich glaub, wir lassen das mal lieber. *schluss
mach*
```

DR. FEELGOOD UND MISTER ZAHNSTEIN

Als ich so um die zwanzig war, haben meine Zähne und ich einen Nichtangriffspakt geschlossen. In den Jahren davor hatte ich ständig an ihnen herumschrauben, -bohren und -drehen lassen. Erst bekam ich in fast jeden Backenzahn eine Amalgamfüllung. Dann hatte ich eine lose Spange für den Oberkiefer. Dann eine für den Unterkiefer. Irgendwann hatte ich eine für beide Kiefer gleichzeitig, ein klobiges Monstrum aus rosa Plastik und Drähten, das weniger nach einer Zahnspange aussah als nach einer Ghostbusters-Spielfigur. «Klobi, der fiese Draht-Geist» oder so. Die Spange machte meine Zähne zwar nicht schöner, dafür aber das Sprechen vollkommen unmöglich, und ich setzte sie immer dann ein, wenn ich in der Schule nichts sagen wollte. Spätestens wenn ich zum fünften Mal mit einem saftigen «Daff weiff iff nifft» den Nacken meines Vordermanns geflutet hatte, ließen die Lehrer mich in Frieden.

Dann habe ich mir auf Anraten eines Zahnarztes alle Amalgamfüllungen herausbrechen und durch Gold-Inlays ersetzen lassen. «Ist auf jeden Fall besser für 'nen Allergiker wie dich!», meinte er. Die ganze Prozedur ging über ein halbes Jahr, und ich bekam nach jeder Sitzung einen spektakulären Allergieschub, der mein Gesicht in eine pulsierende Mars-Landschaft verwandelte. Auch danach hat sich mein Gesundheitszustand in keiner Weise verbessert. Aber meinen Zahnarzt machte das Ganze zu einem reichen Mann.

Irgendwann hat mir ein Kieferorthopäde empfohlen, mal über eine feste Zahnspange nachzudenken. Ich habe mich dann vor den Spiegel gestellt und zu meinen Zähnen gesagt: «Passt auf, folgender Vorschlag: Ich erspare euch den Draht-Gartenzaun mit den Mett-Resten und den gelben Schmodder-Umrandungen, dafür lasst ihr mich einfach in Ruhe, bleibt, wo ihr seid, und baut keine Karies oder sonstigen Scheiß. Deal?» Sie waren sofort einverstanden. Ich suchte mir einen älteren Zahnarzt, der nicht mehr besonders gut sah, sein Haus schon abbezahlt hatte und feste Zahnspangen, Röntgenbilder und elektrische Zahnbürsten für Hexenwerk hielt. Der beugte sich dann alle halbe Jahre über mein Gebiss, nuschelte: «Schöne Zähne … Sehr schöne Zähne … Und gut gepflegt … In sechs Monaten wieder», und schickte mich nach Hause. Dr. Feelgood und ich waren dicke Freunde.

Doch dann eröffnete im Erdgeschoss meines Wohnhauses eine neue Zahnarztpraxis, und plötzlich stand ich vor der Entscheidung: Radel ich durch die ganze Stadt zu meinem halbblinden Nuscheldoktor, oder geh ich einfach drei Stockwerke tiefer? Ich dachte zwei Sekunden intensiv nach und vereinbarte dann einen Termin in der neuen Praxis. Irgendwie fand ich es auch mal schön, in einem nagelneuen Wartezimmer neben einem asiatischen Zimmerbrunnen zu sitzen und die neueste «Men's

Health» zu lesen, statt unter röhrenden Hirschen in einem 1981er Spiegel zu blättern. Als dann aber die Behandlung losging, war ich mir plötzlich nicht mehr sicher, ob ich wirklich beim Zahnarzt war oder bei Pit-Stop.

«Eieiei», sagte mein neuer Doktor, als er in meinen Mund schaute, und schüttelte den Kopf, wie es sonst nur Automechaniker beim Öffnen der Kühlerhaube tun.

«Da war aber jemand länger nicht mehr bei der Untersuchung, oder?» Er stemmte die Arme in die Hüften, als überlege er, wo er als Erstes das Brecheisen ansetzen solle.

«Baut jetzt keinen Scheiß», raunte ich meinen Zähnen zu.

«Keine Ahnung, wovon der spricht!», raunten sie zurück.

Der übermotivierte Dental-Mechaniker drückte mir eine rote Tablette in den Mund: «Lutschen Sie die mal!»

Zwei Minuten später zeigt er mir meine Zähne im Spiegel: «Schauen Sie: alles rot! Das sind gefährliche Beläge. Sie putzen anscheinend nicht richtig. Und mit dem Zahnstein, den Sie da haben, könnte man den Grand Canyon zuschütten. Das muss alles weg.»

Er gab seiner Arzthelferin einen Wink, setzte einen Mundschutz auf, griff zu seinem Werkzeug und begann mit einer Prozedur, die man kaum noch als medizinische Behandlung bezeichnen kann. Haben Sie mal gesehen, wie eine Landgasthof-Köchin im Bayerischen Fernsehen einen Strudelteig knetet, schlägt und durch die Luft wirbelt? Ungefähr so war das, nur mit mir als Strudelteig.

Als er fertig war, drückte er mir eine elektrische Zahnbürste in die nassgeschwitzte Hand: «Damit sollten Sie in Zukunft

Ihre Zähne putzen. Zahnseide nehmen Sie hoffentlich sowieso. Und in vier Wochen kommen Sie wieder. Vielleicht können wir ja noch was retten.»

Zu Hause stellte ich mich vor den Spiegel. Ich sah aus, als hätte man den Feierabend-Verkehr vom Kamener Kreuz auf mein Gesicht umgeleitet.

«Was ist los mit euch?», fragte ich meine Zähne. «Ich dachte, wir haben einen Deal?»

«Haben wir auch! Der Zahnstein lag da schon seit Jahren rum und hat Dr. Feelgood nie gestört!», antworteten sie.

«Und die Verfärbungen?»

«Ach, scheiß doch auf die Verfärbungen! Wenn du ein Osterei mit 'ner Färbetablette in einen Topf wirfst, wird es auch rot. Deswegen heißen die Dinger ja *Färbe*tabletten!»

Ich atmete tief durch. Dann nahm ich die elektrische Zahnbürste und fing an zu schrubben.

Einen Monat später schaute ich wieder in das enttäuschte Gesicht meines Zahnarztes: «Da hat sich aber schon wieder ordentlich Zahnstein angesammelt, was?»

Ich wollte antworten, doch er zog mir energisch den Kiefer auseinander und sagte: «Offen lassen!»

Dann: «Beläge sind auch schon wieder da!» So wie er es sagte, konnte ich nicht anders, als ein schuldbewusstes «Hut hir leid!» zu hauchen.

Er schüttelte unwirsch den Kopf und griff zu einem Metallstab: «Und schauen Sie mal: Das Zahnfleisch kann ich mit einem Stäbchen ganz weit nach unten schieben. Das wird mal 'ne ausgewachsene Parodontose.»

Mittlerweile fragte ich mich, was für Zähne ich eigentlich morgens noch im Spiegel gesehen hatte. Das, was der Zahnarzt da beschrieb, klang eher nach dem Gebiss einer kettenrauchenden Alkoholiker-Mutti aus einem RTL2-Styling-Magazin, kurz bevor sie in die Kamera sagt: «Isch weiß, dat isch nit die Schönste bin, aber vielleischt kann dat RTL2 ja da wat machen!»

Ich nutzte den Moment, als der Arzt meine Zähne wieder losließ, und piepste vorsichtig: «Aber ich hab überhaupt keine Schmerzen. Nie!»

Mister Zahnstein lachte, und auch seine Arzthelferin stieß einen gutgelaunten Kiekser hinter ihrem Mundschutz hervor.

«Haha, na, wenn Sie erst mal Schmerzen haben, ist sowieso alles zu spät!», sagte er, und ich war ihm sehr dankbar, dass er nicht noch ein «Dummerchen!» anfügte.

Dann winkte er seiner Assistentin wieder zu und sagte: «Am besten, ich erkläre Ihnen das mit der elektrischen Zahnbürste nochmal.»

Da hörte ich einen inneren Schrei aus meinem Kiefer: «Er will was?», riefen meine Zähne. «Er will dir das Zähneputzen erklären? Hast du überhaupt keinen Stolz? Wahrscheinlich zeigt er dir danach noch, wie man die Schuhe bindet und die Vorhaut zurückzieht, und rechnet das Ganze mit Faktor 2,5 ab. Mach den Mund zu und GEH!!!»

Doch da hatte Mister Zahnstein schon eine elektrische Zahnbürste in meine Mundöffnung gesteckt und hantierte damit herum, als wär's ein Fitness-Gerät. Man soll nicht meinen, wie viel Schmerzen man einem Menschen mit einer Elektro-Bürste zufügen kann. Vielleicht wollte er aber nur meine Nerven abtöten, damit ich die anschließende Zahnsteinentfernung nicht ganz so schmerzhaft empfand. Hat leider nicht geklappt.

Irgendwann war er fertig. Ich auch. Ich habe mal gehört, dass man Strudelteig so dünn ausrollen muss, dass man durch ihn hindurch eine Zeitung lesen kann. Ich bin sicher, mein Zahnarzt konnte in dem Moment durch meinen Mund auf seinen Behandlungsstuhl schauen.

Während ich noch nach Luft schnappte und meinen tsunamiähnlichen Schweißausstoß wieder in den Griff zu bekommen versuchte, fragte er: «Haben Sie eigentlich schon mal über eine feste Zahnspange nachgedacht?»

Ich habe in der Zeit danach über ganz viel nachgedacht. Allerdings nicht über feste Zahnspangen. Eher über Faulheit, über unauffällige Methoden, an der Praxis im Erdgeschoss vorbeizuschleichen, und ganz oft über legale Mittel, enthusiastischen Jung-Dentisten Schmerzen zuzufügen. Sechs Monate später schaute ich wieder in das runzlige Gesicht von Dr. Feelgood, dessen Brille im vergangenen Jahr noch ein kleines bisschen dicker geworden war, und lauschte seinem sonoren Schnarren: «Hm … schöne Zähne … Sehr schöne Zähne … Und so gut gepflegt.»

EXKREMENTEN-LYRIK

Zu einem ordentlichen Leben 2.0 gehört, dass man alle naslang Städtereisen unternimmt. Wer am Wochenende nur auf der Couch hängt und sich dabei auch noch amüsiert, ist so out, dass man ihn eigentlich aus unserer Generation boxen müsste.

Deshalb steige auch ich ab und zu in einen Billigflieger und erkunde fremde und exotische Städte. Die fremdeste und exotischste, die ich dabei je entdeckt habe, war auf jeden Fall Wien.

Es gibt eigentlich nur zwei Themen, die den Wiener an sich beschäftigen: Tod und Kot.

Das mit dem Tod merkt man, wenn man ein paar Einheimische fragt, was man in ihrer Stadt denn so anstellen kann. «Was hammer heut? Sonntag. Na, da geht's auf'n Zentralfriedhof, Gräber schauen, des machen alle!», wird dann einer sagen. Ein anderer wird den Kopf schütteln und rufen: «I bitt dich, am Sonntag! Da will mer doch was Schönes sehen! Gehts ins Kriminalmuseum! Lauter Fotos von aufg'schlitzten Huren und geköpften Ehebrechern. *Des* is a Hetz!» Die anderen werden nicken, bis dann einer schreit: «A wos, Kriminalmuseum. In 'n Narrenturm müssts! Europas größte Sammlung von missgebildeten Embryonen und Hautausschlägen!» Dann wird er verklärt schauen und hinzufügen: «Da hob i meiner Frau damals an Heiratsantrag g'macht!» Und während alle anerkennend klatschen und «Ah ja, der Narrenturm» seufzen, schleicht man sich langsam davon und beschließt, die Stadt lieber auf eigene Faust zu erkunden.

Dabei lernt man dann die zweite Leidenschaft der Wiener kennen: Hundekot. In ganz Wien wurden vor einiger Zeit Spender für Hundekot-Beutel aufgestellt, flankiert von einer gigantischen Werbekampagne. Überall hängen riesige Plakate, auf denen die Bürger zum Kot-Sammeln aufgerufen werden. Und zwar mit der schönsten Exkrementen-Lyrik, die ich je gelesen habe.

Auf einem Plakat ist ein Hundehaufen zu sehen, daneben ein schuldbewusster Hundebesitzer und eine Politesse mit Strafzettel-Block. Darüber der Slogan: «Jedes Trümmerl kost' a Sümmerl!»

Okay, das muss einen noch nicht überzeugen, aber spätestens beim zweiten Plakat wurde ich schwach: Wir sehen einen wahnsinnig putzigen Hund, hinter ihm einen wahnsinnig dampfenden Haufen, und darüber steht: «Nimm ein Sackerl für mein Gackerl!»

Gackerl! Allein das Wort! Da muss man doch zugreifen!

Kein Wunder, dass unter den Wienern ein echtes Fieber ausgebrochen ist. Vergessen sind Freeclimbing und Paragliding, die neue Trendsportart in Österreich heißt Shit-Picking! Ob Hundebesitzer oder nicht, alle ziehen sie Beutel und gehen auf die Jagd. Überall sieht man Wiener mit einem prall gefüllten Sackerl in der Hand, die glücklich strahlen und «I hob oan! I hob oan erwischt!» rufen. Dann gesellen sich andere Wiener hinzu, klopfen ihnen anerkennend auf die Schulter und sagen: «Sauber, so a Riesentrumm! Bring's in 'n Narrenturm, die ham a neue Sammlung!» Es ist ein wahres Volksfest, ein schichtenübergreifendes Happening, a Hetz!

Als ich nach dem Wien-Wochenende wieder nach Köln kam, fiel mir bei einem Spaziergang auf, dass es auch bei uns Hundebeutel-Spender gibt. Aber hier ist die Leidenschaft fürs Aufsammeln nicht halb so groß wie in Wien. Von Leidenschaft kann eigentlich gar keine Rede sein. Eine lästige Pflicht ist es, die man nur erfüllt, wenn das Ordnungsamt nebendran steht. Und woran liegt's? Natürlich an dem Reim, der auf den Tüten aufgedruckt ist und der an deutscher Sachlichkeit, Spießigkeit und Langeweile einfach nicht zu übertreffen ist:

«Alles im Lot mit weniger Kot.»

Pfff.

FÜR SCHLECHTE ZEITEN

Huhu, BILD-Zeitung! Na, fehlt euch noch die Titelstory für morgen? Ist mal wieder kein echter Aufreger parat? Keine gierigen Öl-Multis, die uns das Geld aus der Tasche ziehen? Keine Vogel-, Schweine- oder Tulpengrippe, die uns **Alle umbringt!!?** Kein leichter Kälteeinbruch, Verzeihung, ich meine natürlich **Horrorwinter!!!** in Sicht? Und noch nicht mal ein paar englische Fußballspieler, Trainer oder Zeitungen, die **Unsere Jungs verhöhnen!!!?**

Mensch, was machen wir denn da? Ihr könnt ja nicht einfach irgendwas «erfinden» (zwinker, zwinker). Ach komm, was soll's, ich schenk euch 'ne Titelstory:

Schock an der Tankstelle:
Knabbernüsschen schon wieder teurer
Köln. Die Woche beginnt für viele Bundesbürger mit einer bösen Überraschung: An den Tankstellen wurden die Preise für Knabbernüsschen um fast 5 Prozent

erhöht. Bis zu 1 Euro 60 kostet der Beutel normale Nüsschen. Supernüsschen mit Teigmantel kosten bis zu 2 Euro 40. Die Kunden sind entsetzt und fragen sich: Können bald nur noch Millionäre Nüsschen knabbern?

Am härtesten trifft es mal wieder die Berufspendler. Einer von ihnen ist Stefan W. (32): «Ich fahre jeden Tag 50 Kilometer zu meiner Arbeit und abends wieder zurück. Dabei konsumiere ich auf jeder Strecke bis zu 2 Beutel Knabbernüsschen. Aber lange kann ich mir das nicht mehr leisten. Ich habe schon darüber nachgedacht, auf Erdnussflips umzusteigen, aber die sind ja mittlerweile genauso teuer. Außerdem kleben sie am Gaumen!»

Ganz Deutschland fragt sich: Wohin treibt die Preisspirale? Claudia Ampfer, Nüsschen-Analystin vom Deutschen Institut für Knabber-Forschung, hält sogar einen Preisanstieg auf bis zu 2 Euro für denkbar: «Jetzt hängt alles von der Organisation Knabbernüsschen produzierender Länder ab. Wenn die Roh-Nuss-Preise weiter ansteigen – dann hat sich's ausgeknabbert», so Ampfers pessimistische Einschätzung.

Doch sie hat auch einen Tipp für die Kunden: «Ich selbst fahre zwei Mal die Woche zu einer luxemburgischen Tankstelle. Aufgrund der niedrigeren Steuern sind Knabbernüsschen dort bis zu 10 Cent billiger. Mein Nachbar behauptet sogar, man könne bis zu 50 Prozent sparen, wenn man die Nüsschen statt an der Tankstelle bei einem der großen Discounter kauft. Aber das ist mir zu abenteuerlich.»

Siehste, BILD, halbe Seite voll. Drunter noch die Seite-1-Titten-Maus (Textvorschlag: «Simone leckt ihr Hasenpfötchen»), mehr liest doch sowieso kein Mensch.

DEKO-DEPP

Ich liebe «Das perfekte Dinner». Nicht die, haha, «Promi»-Version, wo sich jeden Sonntagabend «Moderatorin, Schauspielerin und Model X» mit dem «ehemaligen Soap-Darsteller und The-Dome-Moderator Y» fürs nächste Dschungelcamp bewirbt. Nein, die Werktags-Version, die mit Menschen. Da setze ich mich gerne mit einem Bierschinken-Brot davor und bilde mir ein, in ein Stück Beef Wellington zu beißen. Die perfekte Dinner-Illusion.

Es gibt nur eins, das ich den Machern der Sendung übelnehme: ihren Deko-Fimmel. Diese zwei Minuten Sendezeit zwischen «So, mein Essen wäre so weit vorbereitet» und «Dann mach ich mich jetzt mal frisch!», in denen der Gastgeber sich «um die Tischdeko» kümmert, verwirren mich unendlich.

Wenn ich Freunde zum Essen einlade, werfe ich IKEA-Teller auf den Tisch und umlege sie mit nicht zusammenpassendem Besteck. Lange Zeit dachte ich, das wäre «Tischdeko». Aber dann kam «Das perfekte Dinner», und plötzlich sah ich

Menschen, die Servietten zu Kranichen, Seerosen und Einfamilienhäusern falteten. Die riesige Orchideen-Bouquets auf dem Tisch drapierten, hinter denen man ohne Verletzung des Wahlgeheimnisses einen Stimmzettel hätte ausfüllen können. Und die in der Mitte des Tisches eine Spur aus Sternanis und Glasperlen streuten, «um das Ganze ein bisschen aufzulockern».

Ich dagegen kann Servietten leider nur zu halbierten Servietten falten. Orchideen verdörren bei mir, bevor ich sie aus der Folie geholt habe. Und beim Einkaufen habe ich mir auch noch nie gedacht: «Mensch, ich glaub, ich hab keine Glasperlen mehr im Haus, da nehm ich mal besser ein Pfund mit!»

Vor dem «Perfekten Dinner» war das auch kein Problem, aber jetzt habe ich ein schlechtes Gewissen, wenn Leute zum Essen vorbeikommen und mal wieder nur Dinge auf dem Tisch liegen, von denen oder die man isst. Dann streue ich aus Verzweiflung alles auf den Tisch, was mir zwischen die Finger kommt, und hoffe, dass niemand fragt, was die Büroklammern neben dem Teller machen.

Ich bin einfach ein Deko-Depp. Dinge, die keinen praktischen Nutzen haben, irritieren mich. Ich weiß nicht, wie oft ich als Kind an den Salzteigkränzen meiner Tante geleckt habe, bis ich mir endlich eingestehen konnte, dass die Dinger wirklich nicht zum Essen da sind. Deshalb ist heute alles, was bei mir zu Hause auf den Möbeln steht, entweder essbar, trinkbar, oder es hat einen Stecker. Wenn ich doch mal versucht habe, Deko-Artikel in meiner Wohnung zu platzieren, ging es immer schief. Ich erinnere mich an eine Buddha-Statue, die ich aus Hongkong mitgebracht hatte. Leider habe ich sie im Karton gekauft und erst zu Hause bemerkt, dass auf der Buddha-Brust ein großes goldenes Hakenkreuz prangt. Was ich nicht wusste: Die Swastika ist ein altes indisches Symbol, das Hitler nur geklaut hat. Meine Gäste wussten das auch nie. Nachdem ich zum dritten Mal gefragt wurde, was «der lustige Nazi-Buddha da auf der Kommode macht», habe ich beschlossen, ihn lieber *in* die Kommode zu packen.

Ab und zu macht mich mein Deko-Deppentum richtig wahnsinnig. Nach unserem letzten Umzug, als wir gerade alle Möbel aufgestellt und Kisten ausgepackt hatten, saßen Stefan und ich auf der Couch und schauten uns um. Plötzlich sprang ich auf und sagte: «Ich geh jetzt los und kaufe Dinge.»

«Was denn für Dinge?», fragte er.

«Dinge eben. Dinge, die man sich in die Wohnung stellt.»

«Aber hier stehen doch Dinge: die Kommode, der Tisch, das Regal ...»

«Ja, aber da muss man was draufstellen!»

«Sagt wer?»

«Das perfekte Dinner!», antwortete ich. «Und Heide Heske!»

Heide Heske ist die Deko-Fachfrau bei «Volle Kanne» im ZDF. Das ist die zweite Sendung, die mir regelmäßig mein ästhetisches Versagen vor Augen führt. Einmal pro Woche bindet und klebt die sehr wuchtige Heide Heske dort mit ihrer noch wuchtigeren Heißklebepistole Gebilde aus Blumen, Kaninchendraht und Sisalwatte und sagt Sätze wie: «Ohne Filz geht in diesem Winter sowieso gar nichts!»

Stefan ließ mich ziehen. Als ich dann zum ersten Mal in meinem Leben ein Fachgeschäft für Deko-Artikel betrat, kam ich mir vor wie Alf, kurz nachdem er bei den Tanners durchs Dach gekracht war. Dinge! Überall Dinge! Lauter nachweislich unnützes Zeug, das sich in seiner Nutzlosigkeit zu überbieten schien! Steine mit Sprüchen wie «Gute Laune ist die Würze aller Wahrheit» und «Auch die Ewigkeit besteht aus kleinen Augenblicken». Rosa Plastik-Frösche mit lila Federboas und Porzellankühe, die auf den Hinterbeinen Polonaise tanzten. Und dann erst die «Do it yourself»-Abteilung: Bücher mit Titeln wie «Speckstein neu entdecken». Papp-Buchstaben zum Golden-Anmalen. Und vor allem Filz. Überall Filz: als Untersetzer, als Fäden, als Pompons. Was es dagegen im ganzen Laden nicht gab, waren Dinge zum Essen, zum Trinken oder mit Stecker.

Völlig überfordert schnappte ich mir einen Verkäufer und fragte ihn, was er mir als Deko-Einsteiger für meine Wohnung empfehlen könne.

«Kommt drauf an», sagte er. «Was für ein Oberthema hat deine Wohnung denn? Eher so ein Asia-Theme mit Bambus und Buddhas …»

Ich schüttelte den Kopf: «Nee, mit Buddhas hab ich ganz schlechte Erfahrungen gemacht.»

«Oder eher so New-York-Style», fuhr er fort, «oder vielleicht Afrika?»

«Meine Wohnung hat im Moment eher so ein Wohn-Thema mit Couch und Bett», antwortete ich und aus seinen aufgeblasenen Backen konnte ich lesen: Das wird nicht einfach.

Er schaute mich lange an. «Okay», sagte er dann, «ich glaube, du bist so der Filztyp. Ohne Filz geht in diesem Winter sowieso gar nichts.»

Vier Stunden später kam ich erschöpft nach Hause. Stefan fragte: «Und, hast du Dinge gekauft?»

Ich hielt ihm die Tüten mit meinen Einkäufen hin: eine Heißklebepistole und ein paar Filz-Pompons.

Stefan schaute mich fragend an. «Und warum will Heide Heske, dass wir das auf die Kommode legen?»

Ich holte den Nazi-Buddha aus der Schublade. Dann überklebte ich das goldene Hakenkreuz mit einem Filz-Pompon und lächelte Stefan etwas kraftlos an. Er klopfte mir anerkennend auf die Schulter.

«Bin stolz auf dich», sagte er. «Und Heide Heske ist es sicher auch.»

GEFÜHLTE GEFÜHLE

Wichtiger Vorschlag für eine bessere Welt: Wir lassen ab sofort alle das Wort «gefühlt» vor Hauptwörtern wieder weg. Wär das was? Man hört es doch mittlerweile in jeder Studentenkneipe, jedem Szenecafé und jeder Kegelbahn: «gefühlte Ewigkeit», «gefühltes Wissen», «gefühlte Gefühle» – einfach weg damit! Nur um mal zu gucken, was passiert. Mein Tipp: gar nix.

Klar, wir hatten eine schöne Zeit mit «gefühlt». Man konnte es in fast jeden Satz einbauen. Was viele von uns auch gemacht haben. Und wenn man zum Beispiel gesagt hat, dass man «gefühlte vier Stunden» auf den Bus gewartet hat, konnte man wenigstens sicher sein, dass auch Dummbatzen die Ironie verstehen. Lässt man das «gefühlt» weg, läuft man natürlich Gefahr, dass einer fragt: «Hä? Versteh ich nicht! Wärste doch zu Fuß gelaufen!» Aber hier kommt gleich mein zweiter Vorschlag für eine bessere Welt: Dummbatzen meiden!

Man muss sich doch mal überlegen, wo der Unsinn herkommt: aus der Meteorologie. Da hat irgendwann irgendjemand – und ich würde fast wetten, dass es Ben Wettervogel war, dieser verrückte Hund. Dieser crazy Motherfucker unter den Wolken-Erklärern! Der einzige Temperatur-Vorleser mit Künstlernamen! –, da hat jemand zum ersten Mal von der «gefühlten Temperatur» gesprochen. Und schon das war Unsinn. Ich bin noch nie aus dem Haus gegangen, hab den Arm in die Sonne gestreckt, kurz gefühlt und mir dann gedacht: «Meine Güte, sind das heute aber 27 Grad!» Meteorologen, das sind dieselben Menschen, die die «Regenwahrscheinlichkeit» erfunden haben, die als Jugendliche Isobaren-Karten statt Playboy lasen und uns jedes Jahr erzählen, dass der August zu warm war. Wollen wir so sein wie die? Wollen wir so sprechen wie die? Nein, das wollen wir nicht.

Also, bemühen wir uns mal alle, noch verrückter zu sein als Crazy Weather-Bird, gehen zu einem guten Freund und sagen: «Ich hab gerade 'ne *(hier schlucken!)* Ewigkeit auf meinen Bus gewartet!» Wow! Glückwunsch! Das ist so 2010!

Und wo wir schon dabei sind: Schon mal gemerkt, dass man «Schämen» auch ohne «Fremd-» davor verwenden kann? Und es exakt dasselbe bedeutet? Aber wir wollen ja nix überstürzen.

I SAID
A
FLIP-FLOP

Als Gott den Menschen erschuf, hat er definitiv beim Ohr angefangen. Was für ein Aufwand! Was für eine Energie er da reingesteckt hat! Dieses ganze Gekräusel und Gefalte, Gezwirbel und Gedrehe. Hier eine Muschel, da ein Bogen, dort ein Läppchen. Und zu allem Überfluss versteckte er auch noch drei Gehörknöchelchen darin, die ein Glanzstück in jedem Setzkasten wären, die aber kein Mensch sieht! Der feine Herr Schöpfer muss wirklich SEHR viel Zeit gehabt haben.

Zumindest anfangs. Gegen Ende ging ihm dann ein bisschen die Lust aus. Als Gott die Füße schuf, war das wahrscheinlich so wie vor zwei Wochen, als ich mein letztes IKEA-Regal aufgestellt habe. Irgendwann pfeift man auf die Ästhetik, denkt sich: «Ach, was soll's, Hauptsache, es steht», lehnt das Ding gegen die Wand und macht sich ein Bier auf.

Und tatsächlich: Stehen können wir. Sogar ohne Wand. Das ist aber auch schon das Netteste, was man über den menschlichen Fuß sagen kann. Wenigstens über den männlichen. Frauenfüße scheinen für viele Menschen ja noch einen gewissen Reiz zu haben, auch wenn ich es nicht verstehe («Fuß-Fetischist» klingt für mich genauso wie «Wurstwasser-Sommelier»). Aber Männerfüße sind definitiv die Bankrotterklärung der Schöpfung: rosa Fleischklumpen mit drei Haaren drauf. Ein Elend, das nicht ohne Grund die meiste Zeit des Jahres in festen Schuhen versteckt wird.

Aber dann kommt der Sommer und mit ihm die Zeit, in der unsere Füße uns zurufen: «Lass uns raus! Wir ersticken hier drin! Lass uns raus!» Wenn man sie dann ignoriert, veranstalten sie ein Schwitz-in und singen leise Marius Müller-Westernhagens «Freiheit». Deshalb entschließen sich viele Menschen früher oder später zumindest zu einer teilweisen Fuß-Befreiung.

Stufe 1: Füßlinge. Das sind Socken für Menschen, die aussehen wollen, als würden sie keine Socken tragen. Klingt komisch, isses auch. Jeden Sommer ziehen Tausende Füßling-Fans durch deutsche Innenstädte und gucken, als wollten sie sagen: «Schaut mich an, ich trage Turnschuhe und keine Socken drin. Ich pfeif auf eure Konventionen!» Und an der Oberkante ihrer Schuhe spitzen dann die Füßlinge heraus und rufen: «Na ja, stimmt nur so halb, aber lasst ihm seinen Spaß!»

Den Füßen hilft das natürlich überhaupt nicht weiter. Deshalb entscheiden sich viele für Stufe 2 der Fuß-Befreiung: Crocs. Das sind diese dicken löchrigen Plastikschuhe, die aussehen, als hätte man einen Laib Leerdamer am Fuß. Einen quietschbunten Laib Leerdamer. Crocs sind der Versuch, etwas sehr Hässliches und Klobiges mit etwas noch viel Hässlicherem und Klobigerem zu ummanteln. Und da sag ich Glückwunsch, Firma Crocs: Mission erfüllt!

Die schlechteste Sommer-Fußbekleidungs-Idee von allen sind aber, Stufe 3, Flip-Flops. Nicht nur, dass der Fuß dabei in seiner ganzen Lächerlichkeit zur Schau gestellt wird. Nein, das namensgebende Geräusch, das diese, nun ja, Schuhe produzieren, wirkt auch noch wie ein Alarm, der jeden aufhorchen lässt: «Aufgepasst! Wenn ihr etwas ganz Schlimmes sehen wollt, dann schaut jetzt mal nach unten!» Ich habe in meinem ganzen Leben nur ein Mal Flip-Flops getragen, und dabei soll's auch bleiben. Meine viel zu breiten Senkfüße sehen in Flip-Flops nämlich aus wie ein XXL-Schnitzel auf einer Scheibe Knäckebrot. Außerdem mag ich Schuhe, mit denen man auch *gehen* kann. Flip-Flops sind eher Sitz- und Steh-Schuhe: Gehen ist mit den Dingern eine echte Herausforderung, Rennen völlig unmöglich. Nicht nur, dass man die Schlappen ständig verliert, aus dem lustigen Flip-Flop-Geräusch wird bei höherer Geschwindigkeit eine Art Schlabbern, das klingt wie eine Büffelherde am Wasserloch. Vielleicht sollte man der Polizei mal vorschlagen, Verbrechern keine Handschellen anzulegen, sondern Flip-Flops anzuziehen. Damit könnten die niemals fliehen! Man würde ja immer hören, wo sie hinrennen, und nach drei Metern müssten sie sowieso umdrehen, weil sie die Dinger verloren haben.

Ich habe meine Füße im letzten Sommer deshalb vor die Wahl gestellt: «Entweder ich zieh euch Tennis-Socken und Sanda-

len an, oder ihr verschwindet wieder in den Turnschuhen!»
Sie haben sich dann beleidigt in meine Chucks zurückgezogen.
Und der linke hat dabei ganz leise geflüstert: «Im nächsten Leben werd ich Ohr.»

HAUPTSTADT-HASSER

Berlin kann mich nicht leiden. Es ist immer dasselbe: Ich komme in Berlin an, sage: «Na, Berlin?», und Berlin sagt: «Ach, hau doch wieder ab!» Das würde Berlin zumindest sagen, wenn Städte reden könnten. Da sie das aber nicht können, lässt Berlin meistens nur die Außentemperatur um mindestens zehn Grad sinken, haut mir taubeneigroße Hagelkörner auf die Glatze, legt mir einen dampfenden Hundehaufen vor die Füße und hetzt ein paar Rütli-Schüler auf mich. Für mich zählt das als «Hau ab!».

Gut, ich habe noch nie einen Hehl daraus gemacht, dass ich kein Berlin-Fan bin. Ich war zum Beispiel nach der Wende dagegen, dass die Regierung nach Berlin umzieht. Mein Gegenvorschlag: Stattdessen zieht einfach Berlin um, zum Beispiel nach Polen. Ist ja nicht weit, und die Polen hätten sich bestimmt über so 'ne rattenscharfe Trendsetter-Metropole gefreut.

Einmal, als Berlin und ich uns gerade kennenlernten, habe ich eine Stadtrundfahrt mit einem Touristenbus gemacht. Das war kein guter Anfang. Nicht genug, dass der Potsdamer Platz ganz offensichtlich entstand, indem sich fünf Architekten nach dem Mauerfall zusammengesetzt und gefragt haben: «Okay, wir haben hier sehr viel Platz und sehr viel Geld – was wäre das Schlimmste, was wir damit anstellen könnten?» Nein, jede Sehenswürdigkeit in Berlin trägt auch noch einen Spitznamen, von denen uns der übermotivierte Berliner-Schnauzen-Experte, der unseren Bus fuhr, keinen einzigen ersparte: «Ditte is dit Haus der Kulturen der Welt, aber weil et wie 'ne dicke Muschel aussieht, nennen's die Berliner ‹Schwangere Auster›» – «Ditte is dit Kanssleramt, aber weil et vorne so rund is, nennen's die Berliner die Kansslerwaschmaschine!» Spätestens nach dem «Goldelse» genannten Friedensengel wollte ich das Lenkrad an mich reißen und mit der gesamten Besatzung nach Köln fahren, nur um dann eine Runde um den Dom zu drehen und zu sagen: «Das hier ist der Kölner Dom, aber weil er aussieht wie ein Dom, nennen die Kölner ihn auch den Kölner Dom!»

Gut, die Wohnsituation in Berlin hat Vorteile. Ich habe sogar schon mal kurz überlegt, mir eine von diesen 100-qm-Altbauwohnungen für 400 Euro im Monat anzumieten. Aber nur, um einen Monat später Mietminderung geltend zu machen. Einfach nur, weil die Wohnung in Berlin steht.

Über die Menschen in Berlin möchte ich nicht schlecht reden, denn die haben es wirklich nicht leicht. Vor allem die 20- bis 40-jährigen Berufs-Trendsetter. Für die gibt es nämlich eine Art Einheits-Leben, das man sich überstülpen muss, sobald man nach Berlin zieht. Frauen müssen einen Pagenschnitt, lange Schals und Filzmäntel tragen und heißen ab sofort Franziska, Mia oder Jorinde. Männer haben gar keinen Namen, dafür einen dünnen Oberlippenbart und Röhrenjeans. Tagsüber müssen Mia und der Oberlippenbart in einer Event-Agentur arbeiten. Mit Ausnahmegenehmigung dürfen sie auch ein undergroundiges Szenecafé eröffnen, das man unter keinen Umständen in weniger als 45 Minuten U-Bahn-Fahrt erreichen darf. Abends müssen die Berliner dann auf Partys in besetzten Häusern polnisches Bier oder irgendwas mit Holunder und Zitronengras trinken. Am nächsten Tag veröffentlichen sie einen Text in ihrem Blog darüber, der dann von 18-jährigen Nachwuchsautorinnen geklaut wird. Wie gesagt, kein schönes Leben.

Bei meinem letzten Besuch in Berlin ist dann etwas passiert, das mich sehr verstörte. Ich stieg aus dem Zug aus, und die Sonne schien. Im Oktober! In Berlin!

«Okay, Berlin», sagte ich, «du hast das vielleicht nicht bemerkt, aber ich bin jetzt da. Leg los. Weißt schon, taubeneigroße Hagelkörner und so!»

Aber Berlin hat mich nur freundlich angelächelt und gesagt: «Herzlich willkommen. Wie wär's mit einer Spree-Rundfahrt? Oh, Vorsicht, Hundekacke! Nicht reintreten!»

Ich war verwirrt. Wenn Berlin auf einmal einen auf freundlich macht, ist das, wie wenn sich ein nasser Duschvorhang an dich schmiegt. Ich habe deshalb kurz überlegt und dann das einzig Sinnvolle gemacht: Ich bin direkt wieder in den Zug gestiegen und zurück nach Köln gefahren. Tut mir leid, aber das war mir unheimlich. So schnell kriegt Berlin mich in keine Röhrenjeans.

DIE SCHWEINEBRATEN-VERSCHWÖRUNG

Ein Freund von mir hat seiner Nachbarin, einer sehr gutmütigen älteren Frau, mal erzählt, wie wahnsinnig gerne er Schweinebraten isst. Ab diesem Zeitpunkt bekam er alle vier Wochen von ihr einen perfekt zubereiteten Schweinebraten geschenkt. Er fand das auch ganz großartig, aber vor einigen Jahren kam er einen ganzen Monat nicht dazu, den Braten zu essen, und hatte ihn noch immer im Kühlfach, als der nächste anrückte. Wegschmeißen wollte er ihn nicht. Zumindest nicht in die hauseigene Mülltonne, aus Angst, die gute Nachbarin könnte den Braten finden. Glücklicherweise hatte er sich an dem Tag über «Gayromeo» (das ist eine Kontaktbörse im Internet, so eine Art schwuler Pizza-Bestelldienst, nur für Sex statt Pizza) zu einem One-Night-Stand verabredet. Er packte den Schweinebraten also in seinen Rucksack und fuhr mit dem Fahrrad zu dem Typen, um den Braten nach dem Sex in dessen Mülltonne zu entsorgen. Unterwegs überlegte er sich das aber nochmal anders, aus Angst, seine Verabredung könne etwas merken. Er wollte nicht am nächsten Tag sein eigenes verpixeltes Gesicht im «Express» wiederfinden, unter der Überschrift: «Irrer Schweinebraten-Ficker verunsichert Kölner Szene». Er fuhr deshalb am Hauptbahnhof vorbei, warf den Schweinebraten dort in einen Mülleimer und radelte weiter. Leider war das, genau einen Tag nachdem zwei Nachwuchs-Terroristen am Kölner Hauptbahnhof versucht hatten, eine Kofferbombe zu zünden.

Um es kurz zu machen: Er hatte alle Mühe, der Polizei in einem stundenlangen Verhör zu erklären, dass er keiner terroristischen Vereinigung angehört, die Deutschlands Bahnhofs-Mülleimer mit Fleischklumpen verstopfen will. Seinen One-Night-Stand verpasste er natürlich, und den Artikel mit der Überschrift «Schweinebraten am Hauptbahnhof entsorgt – Großeinsatz!» schob ihm seine Nachbarin am nächsten Tag wortlos unter der Tür durch.

Es ist nicht einfach, einen Braten loszuwerden. Es gibt nur eins, was noch schwieriger ist: einen herzustellen. Das weiß ich seit dem letzten Karneval.

Ich hatte an Weiberfastnacht fünf Freunde zum Essen eingeladen, um für eine ordentliche Grundlage zu sorgen. Quasi als Opfergabe und Entschuldigung an den eigenen Magen, weil man ihn in den nächsten zwölf Stunden mit Kölsch fluten, in alle Richtungen schütteln und anschließend mit großer Wahrscheinlichkeit auf links drehen wird. Das Problem war: Ich hatte noch nie einen Schweinebraten gemacht. Und ich ahnte noch nicht mal, dass das ein Problem werden könnte. Ich hatte nämlich noch eine flapsige Bemerkung meiner Mutter im Ohr, so ein Braten sei ja «das Einfachste von der Welt» und man könne dabei eigentlich «überhaupt nichts falsch machen». So viel vorweg: Doch, man kann.

Zunächst beschäftigte ich mich mit der Frage, wie viele Zentner Fleisch ich denn wohl brauche. Wir waren sechs erwachsene Männer, die durch regelmäßige Besuche bei ihren Eltern ganz gut im Braten-Training waren und sich nicht unnötig mit Beilagen und Gemüse aufhalten wollten. In «Meine bayerische Küche» empfiehlt Alfons Schuhbeck für sechs Personen rund zwei Kilo Schweinefleisch. Ich griff also zum Telefon, rief im Supermarkt an und bestellte vier.

Dann kümmerte ich mich um die Zubereitung. Ich merkte sehr schnell: Schuhbecks Rezept wird es schon mal nicht. Nicht nur wegen der geradezu homöopathischen Menge Fleisch. Und auch nicht, weil er empfiehlt, für die Soße Kalbsknochen im Ofen zu bräunen und Puderzucker zu karamellisieren. Kann man ja alles machen, aber als Herr Schuhbeck dann vorschlug, das Fleisch nach der «Niedrigtemperaturmethode» zu garen, bei der der Braten ungefähr drei Jahre lang bei 120 Grad sanft erhitzt wird, bis er sich aus freien Stücken entscheidet, gar zu werden, war es mit meiner Toleranz vorbei. Ich wollte einen ordentlichen Krustenbraten mit halbverbrannter Schwarte, die sich flehend nach oben wölbt und in der Amalgamfüllungen stecken bleiben! Ich wollte, dass mein Braten im Ofen bei mindestens 5000 Grad schwitzt und spritzt und um Gnade winselt. Dass er sich wünscht, eine Hand zu haben, mit der er von innen verzweifelt gegen die Backofentür klopfen könnte, während ich von außen dagegendrücke und den Temperaturregler langsam auf 6000 Grad drehe. So einen Braten wollte ich. Und nicht so ein eurhythmisch warmgeschaukeltes Waldorf-Fleisch.

Ich machte das Buch also zu und meinen Laptop auf. Die Suche nach «Schweinebraten» ergab bei Google 252 000 Treffer. Superkoch.de empfahl zweieinhalb Stunden bei 200 Grad. Fleisch würzen, dann auf der Hautseite vorgaren und anschließend umdrehen. In den Kommentaren lobte ein «Zimtsternchen38»: «Das beste Schweinebratenrezept, das ich kenne! *zufrieden schmatz*»

Zur Sicherheit las ich noch weitere Rezepte. Mein-lieblingsbraten.de empfahl nur 180 Grad und warnte außerdem davor, das Fleisch vorher zu würzen. Bei Braten-daten.de wurde das Fleisch gar nicht gewürzt, aber vorher von allen Seiten angebraten, dann bei 190 Grad gegart und alle fünf Minuten mit Bier übergossen. Und das treulose Zimtsternchen38 schrieb schon wieder: «Das beste Schweinebratenrezept, das ich kenne!» Mit Bier übergießen war aber laut Braten-junkies.de der größte Fehler, den man überhaupt machen kann. Fast so schlimm, wie das Fleisch auf der Hautseite vorzugaren. Die Fleischfetischisten.de dagegen ...

Nach der 78. Meinung machte ich den Laptop zu. Konnte das denn wirklich so schwer sein? Meine Mutter hatte doch gesagt ... Ich griff zum Telefonhörer.

«Ach Markus», seufzte sie, «ein Braten ist das Einfachste der Welt. Da kann man gar nichts falsch machen!»

«Okay», sagte ich, «dann streich ich das Fleisch mit Hustensaft ein, leg es auf den Toaster und bestreu es mit Konfetti. Was sagst du jetzt?»

Meine Mutter schwieg eine Weile.

«Du meinst, Konfetti wegen Karneval? Joah ... kann man mal machen.»

«Mama, bitte: Sag mir, was ich machen soll! Schritt für Schritt! Stell dir vor, ich bin ein hinduistischer Mönch, der nach 50 Jahren Grünzeug dem Vegetarismus abschwört und sich denkt: Was soll der Quatsch, heut muss 'ne Sau dran glauben! Wie würdest du dem das erklären?»

Mama seufzte wieder: «Also gut: Kauf ein gutes Fleisch, am besten aus der Schulter, mach den Ofen heiß, würz dein Fleisch, leg es in einen Bräter, mach dein Gemüse dazu, und dann brätst du das Ding halt so lange, bis es gar ist!»

«Ja, aber ...»

«Oh, da fällt mir ein: Ich muss noch zum Metzger. Viel Glück, Markus, wenn du noch Fragen hast, kannst du ja nochmal anrufen. Tschüs!»

«Nein!», rief ich in den Hörer. «Nein, Mama, wie heiß soll der Ofen sein? Muss Brühe dazu? Oder Bier? Obendrüber? Untendrunter? Außen rum? Und was für Gemüse überhaupt? Mama ... Denk an den Bettelmönch!»

Doch sie hatte schon aufgelegt.

Ich starrte vor mich hin. In meinem Kopf schwirrten Bilder einer international operierenden Schweinebraten-Geheimloge, bestehend aus der Nachbarin meines Freundes, Alfons Schuhbeck, meiner Mutter und Zimtsternchen38, deren oberstes Ziel es ist, das Rezept für den perfekten Braten geheim zu halten. Ich sah die Fleisch-Freimaurer um einen Tisch mit einem Bierkrustenbraten stehen, in dunklen Küchenschürzen mit Kapuzen. Ich sah, wie sie sich an den Händen fassten, leise das ultimative Schweinebraten-Rezept vor sich hin murmelten und sich über all die Idioten kaputtlachten, die tatsächlich glaubten, man könne dieses Rezept im Internet finden.

Verwirrt und kraftlos fuhr ich zum Supermarkt. Der Verkäufer begrüßte mich mit einem gutgelaunten: «Ah, Sie sind der Schweinebraten, oder?»

Ich nickte matt.

«Kleines Problem: Der Lieferant hat mich beschissen.»

«Aha?»

«Japp. Das Stück, das er mir für Sie verkauft hat, ist nämlich nicht aus der Schulter, sondern aus der Hüfte.»

Der Verkäufer, der Lieferant – zwei Mitglieder mehr in der Loge.

«Und ... das heißt?», fragte ich vorsichtig.

Er sah mich an, als hätte ich gerade eine Kilo Eidechsen-Mett bestellt. Dann deutete er erst auf seine Schulter und anschließend auf die Hüfte: «Schulter ... Hüfte!» Er schaute mich mit einem «So weit verstanden?»-Blick an. Dann griff er in die Kühltheke, holte ein Stück Fleisch heraus und knallte es auf die Theke.

«Hüfte ist halt ein bisschen dicker als Schulter.»

Ich bäumte mich ein letztes Mal auf: «Aber wenn ich ihn einfach länger im Ofen lasse – dann müsste es doch gehen, oder?»

Er wiegte den Kopf. «Nüah ... nicht unbedingt. Is nämlich ein bisschen weniger geworden als bestellt. Um genau zu sein ...» Er legte das Fleisch auf die Waage. «1800 Gramm. Kommt noch was dazu?»

Ich schaute ihn erschöpft an. «Die restlichen 2200 Gramm vielleicht?»

Er lachte: «Haha, ja, wie gesagt, der Lieferant ...» Er wedelte sich mit der Hand vor dem Gesicht herum.

Ich habe das Fleisch dann trotzdem gekauft. Und nach Hause gebracht. Und gebraten. Vier Stunden, 250 Grad, ungewürzt, ohne Übergießen. Dann kamen meine Gäste. Dann habe ich Pizza bestellt.

Wenigstens konnte ich meinen Schweinebraten im ganz normalen Hausmüll entsorgen.

ZUR GEBURT

Es kommt die Zeit in unser aller Leben, in der sich der gesamte Freundeskreis hemmungslos vermehrt. Ab Mitte 20 sitzt man alle zwei Wochen vor einer Glückwunsch-Karte und überlegt sich haareraufend einen pfiffigen Text. Denn das Schwierige bei Geburtskarten ist, dass alles Wesentliche schon draufsteht. «Alles Gute zum Nachwuchs» – mehr muss man eigentlich nicht sagen. Schreibt man aber nur ein «… wünscht Markus» rein, denken sich die Eltern: «Na, da hat sich ja einer angestrengt!»

Also: Was soll man sonst schreiben? «Gut gemacht!»? Das weiß man ja noch nicht. Kann ein ganz schreckliches Kind werden, und man möchte doch nicht nach zehn Jahren nochmal eine Karte schicken müssen mit dem Text: «Ich nehm's zurück!»

Viele greifen aus lauter Not zu einem Zitat. Dabei ist das Problem, dass selbst den verlässlichsten Zitate-Spendern unserer Zeit beim Thema Geburt nur tränenreiche Peinlichkeiten einfallen. Zum Beispiel dem Rührseligkeits-Minister Reinhard

Mey: «Dies ist dein Planet. Hier ist dein Bestimmungsort, kleines Paket. Freundliches Bündel, willkommen herein ...» – so was schreibt man nicht in eine Geburtskarte, so was schreibt man höchstens auf ein DHL-Paket.

Wie immer ist das Internet der schlechteste Ratgeber von allen. Auf der Seite «Baby-tipp.de» steht zum Beispiel folgender Spruch hoch im Kurs: «Manchmal fällt ein kleines Engelchen auf Erden, so bezaubernd und so klein. Manchmal fällt ein kleines Engelchen auf Erden, wie schön, dass es bei uns darf sein.» Puh. Anscheinend fällt manchmal auch dem begabtesten Hobby-Lyriker ein kleines Engelchen direkt auf den Kopf.

Was will man einem Kind denn wirklich mitteilen, habe ich mir überlegt. Womit kann es etwas anfangen? Was muss es wissen? Und ich habe folgende Liste erstellt, mit den wichtigsten Erkenntnissen aus meinem bisherigen Leben. All die Dinge, von denen ich mir nachher gewünscht habe: «Mensch, hätt ich das mal vorher gewusst!» Diese Liste bekommt seitdem jedes Kind in meinem Freundeskreis, und ich glaube, dass ich das Leben von vielen damit entscheidend vereinfacht habe:

20 Dinge, die du wissen solltest:
1. Lass dich während deiner gesamten Pubertät nicht fotografieren. Und nicht filmen. Und sag auch nichts in ein Tonbandgerät. Sag am besten gar nichts. Das Allerbeste (auch für dein Umfeld) wäre, du versteckst dich vier Jahre in einem Pappkarton.
2. Wenn du willst, dass etwas geheim bleibt, erzähl's keinem. Wenn du willst, dass etwas alle erfahren, erzähle es mit der Einleitung: «Das muss aber unter uns bleiben ...»

3. Pornos unter 20 Euro sind rausgeschmissenes Geld. «4 Stunden Laufzeit» für 12 Euro 95 klingt zwar toll, aber dann sind die nach dreieinhalb Stunden immer noch am Sockenausziehen.
4. Wenn du dich jemals den Satz sagen hörst: «Ach, aus diesem trockenen Kanten Brot krieg ich bestimmt noch zwei Scheiben raus. Gib mir mal das scharfe Messer!», dann halte inne, leg alles weg und bestell dir eine Pizza.
5. In Hotels unter 50 Euro pro Nacht nie barfuß auf den Duschvorleger treten.
6. Fang früh genug damit an, dir Ausreden für Hochzeiten, Geburtstage und Taufen einfallen zu lassen. Du wirst sehr viele brauchen!
7. Kokoslikör ist kein Getränk, mit dem man sich betrinken sollte. Eigentlich ist es gar kein Getränk. Wenn du ein Mädchen bist, tupf dir ein paar Tropfen hinter die Ohren. Wenn du ein Junge bist, warte, bis dir Bier schmeckt.
8. Nein, ihr könnt *keine* Freunde bleiben.
9. Was du ins Internet stellst, steht dann da. Für immer. Überleg's dir.
10. Hunde, die bellen, beißen sehr wohl.
11. Wenn du nach einer Teenie-Party lila Fäden kotzt, ruf nicht sofort den Notarzt. Überlege lieber, ob es Spaghetti und Lambrusco gab.
12. Nein, man wird *nicht* blind davon, man bekommt auch keinen Rückenmarksschwund und keine abstehenden Ohren, und du hast WESENTLICH mehr als 1000 Schuss!
13. Patchouli ist kein Parfüm. Patchouli ist ein Insektenvernichtungsmittel.
14. Ja, das erste Mal ist furchtbar. Es geht um Nr. 2 folgende!

15. Wenn du vor dem Kino stehst und überlegst: «Schau ich jetzt diese Komödie mit dem muskulösen Actionstar und den Kindern, oder setz ich mich lieber mit 'ner Packung Popcorn auf die Parkbank?» – nimm die Parkbank!
16. «Fällt dir an dieser Kondompackung was auf? Is bald abgelaufen!» ist *kein* guter Anmachspruch.
17. «Haaalllloooo ... huch, sorry ... keieangst, is nur Kotze!» ist ein noch schlechterer Anmachspruch.
18. Schau lieber nochmal nach, ob die Mail, die du gerade geschrieben hast, wirklich an alle gehen soll, die im Adressfeld stehen!
19. Kevin Spacey ist Keyser Soze!

Und, vielleicht die wichtigste Erkenntnis:
20. Deine Eltern werden sehr oft zu dir sagen: «Das wirst du später noch bereuen.» Sie haben jedes Mal recht.
    Mach's trotzdem.

ICH WILL KNÖPFE!

«Opa, Opa, erzähl mal, wie ihr früher als Kinder Videospiele gespielt habt!», rufen meine beiden Enkel und hüpfen zu mir ins Bett.

«Ach, das war eine verrückte Zeit», sage ich, während ich an meiner Senioren-Bionade Ginseng / Eierlikör nuckle. «Wir saßen zusammen auf der Couch …»

«Ihr habt gesessen?», fragt der Ältere der beiden und legt die Stirn in Falten. «Aber da kann man sich doch gar nicht richtig bewegen! Man muss doch Tennis spielen oder auf dem Wii-Jetski fahren oder durch Hologramme laufen und mit der Hand auf Gegner schießen!»

«Stimmt», pflichtet ihm sein jüngerer Bruder bei. «Man muss tanzen! Oder boxen! Oder box-tanzen! Man kann doch kein Videospiel machen und dabei nur faul rumhängen.»

«Doch ihr zwei, das konnte man damals noch», seufze ich, während ich ihnen über die Haare streiche und mein Blick sich nostalgisch verklärt. «Damals ging das noch …»

Was war das für eine schöne Zeit, als man noch vor dem Fernseher saß und bei «Tekken» hemmungslos auf Knöpfe hämmerte. Damals war die Rollenverteilung noch ganz klar: Gute Kinder spielen draußen Fußball, böse Kinder polieren sich zu Hause mittels Playstation die Fresse. Heute sitzen die bösen Kinder draußen auf der Parkbank und rufen Passanten Beleidigungen hinterher, während die guten auf Nintendos «Balance Board» vorm Fernseher stehen und mit Hula-Hoop-Übungen versuchen, ihren Wii-Fit-Wert zu verbessern. Irgendwas ist da schiefgelaufen.

Nichts gegen Hula-Hoop, das kann lustig sein (zumindest bis man verwackelte Aufnahmen von sich selbst, gefilmt aus der Nachbarwohnung, bei YouTube wiederfindet). Außerdem sind die körperlichen Anstrengungen bei «Wii Fit» und ähnlichen Bewegungs-Programmen so minimal gehalten, dass auch amerikanische Kugel-Kinder sie bewältigen können («Heb das Bein zwei Mal! Gut gemacht! Jetzt solltest du dir eine Pause gönnen!»).

Aber der eigentliche Sinn von Videospielen ist es doch, sich *überhaupt nicht* zu bewegen. Wenn ich meine Konsole anschalte, will ich mich auf der Couch fläzen («fläzen» – dieses wunderbare Wort werden meine Enkel vielleicht nie lernen!), Chips in mich hineinstopfen und mit fettverschmierten Fingern auf dem A-Knopf ausrutschen. Deshalb macht es mir Angst, wenn mal wieder ein Konsolenhersteller verkündet, dass sie ganz kurz davor sind, den lästigen Knöpfchen-Controller für immer aus dem Fenster zu werfen und durch total hippes Rumgehampel zu ersetzen. Ich will Knöpfe! Hüpfen, springen, Hüften wackeln gibt es schon, allerdings unter einem anderen Namen, den echte Videospiele-

Fans meiden wie Resident-Evil-Zombies die Schrotflinte: «Sport».

Und wenn wir schon dabei sind: Ich möchte bitte auch wieder selbst bestimmen, wann ich ein Videospiel spiele und wann nicht. Klingt selbstverständlich, ist es aber nicht: Kaum öffne ich meine tragbare Mini-Konsole Nintendo DS, werde ich von «Doktor Kawashima» angepfiffen, weil ich seit drei Monaten kein Gehirnjogging mehr mit ihm gemacht habe: «Ihr geistiges Alter beträgt 45!», grummelt er dann vorwurfsvoll und schaut wie eine Mutter, die ihrem Kind sagt: «Nein, ich bin nicht sauer, ich bin nur sehr, sehr enttäuscht von dir!» Dann heul doch, japanischer Pixel-Kopf! Ich glaube sowieso nicht an die Theorie, die du mir nach jeder Gehirnübung einbläust, dass «das menschliche Gehirn mit zwanzig am leistungsfähigsten» sei. Mit zwanzig hab ich mich an der Theke meiner Lieblingskneipe mit Jägermeister-Red-Bull betrunken und mir mit Edding «Noch einen!» auf die Stirn geschrieben. Klingt das nach einem besonders leistungsfähigen Gehirn?

Und wo soll die Anschnauzerei denn noch hinführen? Wird mich Super Mario demnächst traurig aus dem Fernseher anglotzen und sagen: «Du hast seit drei Tagen nicht gespielt. Prinzessin Peach ist jetzt leider tot, mein Bruder Luigi in der Klapse, und ich hab ganz schlimme Krampfadern vom Rumstehen. Aber ich nehme an, du hattest viel wichtigere Dinge zu tun!»

Nein, Videospiele sollten einfach das bleiben, was sie vom Anbeginn aller Zeit an waren: sinnfreie, aber bumslustige Zeitverschwendung. Damit ich in 50 Jahren mit meinen dicken, chipsfressenden Enkelkindern im Bett sitzen und sagen kann: «Jetzt gib mir mal den Controller, der Opa will ein paar Zombies das Hirn rausballern. Und holt mir noch 'ne Bionade! Ach, was sag ich: Jägermeister-Red-Bull!»

REINIGEN!

Ich habe mich mit meiner Kaffeemaschine zerstritten. Sie war ein Geschenk von meinen Freunden zum dreißigsten Geburtstag, ein Schweizer Kaffeevollautomat, ein richtig guter sogar, aber irgendwie hat die Chemie zwischen uns von Anfang an nicht gestimmt.

Schon am ersten Tag war ich irritiert, als mir das Ding nach gerade mal zwei Tassen Kaffee ein schlechtgelauntes «Wassertank füllen!» entgegenblinkte. «Wassertank füllen!», in giftigem Alarm-Rot. Da ich meinen Kaffee vorher immer mit einer sehr umgänglichen französischen Presskanne zubereitet hatte, hat mich dieser Befehlston völlig überfordert. Die Französenkanne, deren schwarzer Deckel mit dem runden Druck-Bömmel obendrauf fast wie eine Baskenmütze aussah, gab höchstens mal ein leises Seufzen von sich, wenn man den Kaffee zu schnell nach unten drückte. Das klang dann nach einem freundlichen «Eh bieeeen ...» und rundete das französische Gesamtbild drollig ab.

«Wassertank füllen!» dagegen war ein echter Anschnauzer. Und das um sieben Uhr morgens, vor meiner ersten Tasse Kaffee. Ich stellte mich vor den Vollautomaten, stemmte die Arme in die Hüfte und fragte: «Wie heißt das Zauberwort?» Deutsche Zauberwörter sind aber in der Schweiz anscheinend nicht so bekannt. Der Automat jedenfalls blinkte weiter zickig «Wassertank füllen!» vor sich hin. Ich schüttelte den Kopf und füllte resigniert unter einem gemurmelten «Soll nochmal einer sagen, die Schweizer wären so freundlich!» den Wassertank.

Doch anstatt sich zu bedanken, schob der Automat direkt den nächsten Befehl hinterher: «Kaffeesatz leeren!»

Spätestens da war mir klar: Hier werden Machtspielchen veranstaltet! Dieser miese kleine Drecks-Automat will die Herrschaft über meine Wohnung übernehmen! Schnauzt mich an, blinkt mir Befehle entgegen, scheucht mich zum Wasserhahn und zurück, lässt mich seine dampfenden Innereien entleeren – und morgen früh muss wahrscheinlich ich ihm einen Kaffee zubereiten! Ich hätte mich nicht gewundert, wenn er auch noch ein «Minarette verbieten!» angezeigt hätte.

Ich beschloss, die Machtverhältnisse wieder geradezurücken, ignorierte seine Unverschämtheiten und schaltete ihn einfach ab. Doch als ich ihn am nächsten Tag wieder einschaltete, hatte er nichts dazugelernt. Vielmehr blinkte er mir nun ein völlig undifferenziertes «Reinigen!» entgegen.

«Wie reinigen? Was soll ich denn bitte reinigen?», zischte ich. «Die Milchschaumdüse? Den Kaffeesatzbehälter? Oder gleich die ganze Wohnung? Isses dir zu dreckig? Gefällt's dir nicht bei mir? Sag's mir nur!»

Aber er sagte gar nichts. Stattdessen gab die Milchschaumdüse einen kleinen Dampfstoß von sich. Ein «Pffft!», wie einen kurzen, triumphierenden Lacher. Und das Display blinkte weiter «Reinigen!».

Da hat's mir dann gereicht. Ich stellte den Schweizer Kaffee-Diktator neben meinen Backofen mit Selbstreinigungsfunktion und brummte: «So, unterhalt dich mal mit dem. Da kannste noch viel lernen.»

Die Maschine weigerte sich allerdings strikt, irgendetwas zu lernen. Sie blinkte weiter gehässig vor sich hin und machte von Tag zu Tag schlechteren Kaffee. Am Ende habe ich meine französische Presskanne wieder rausgeholt. Denn eins ist sicher: Wenn ich mich jemals von einer Maschine versklaven lasse, dann bitte von so einem bedrohlich-düsteren Killer-Roboter wie in «Matrix», mit Tentakel-Armen und Stahlfräsen-Maul. Aber sicher nicht von einem schlechtgelaunten Schweizer Bohnenbrüher.

MEIN
DIGITALER
GEBURTSTAG

Geburtstag – der schönste Tag des Jahres. Die Nase wird vom Duft kross gebackener Weizenbrötchen wachgekitzelt. Die Augen blinzeln schüchtern in die Sonne, die sofort begeistert ihren Fixstern-Kumpels «Er ist wach, er ist wach!» zuruft. Man streckt sich und spürt erfreut, wie fit und durchtrainiert man mit seinen über dreißig Jahren noch ist. Man schlüpft in die Lederslipper, die vor dem Bett stehen, und schlurft durch das liebevoll eingerichtete Reihenendhaus in die offene Wohnküche. Auf einem Stövchen köchelt der Zitronenverbenen-Tee vor sich hin, und die Gattin zündet gerade die letzten Kerzen auf dem Geburtstagskuchen an. Sie hält die Hand schützend vor die Flamme, denn von der Verandatür strömt eine leichte Sommerbrise herein. Neben dem Kuchen sind unzählige Geburtstagskarten von Nachbarn, Freunden und Familienmitgliedern aufgestellt, die die Gattin in den letzten Tagen gesammelt und versteckt gehalten hat. Zwei frisch gekämmte Kinder, die bis eben noch an dem Geburtstagsbild für ihren Papa gemalt haben, kommen aus ihrem Zimmer gerannt, klammern sich an je ein Bein des Vaters und singen dabei: «Wie schön, dass du geboren bist!» Man streicht den Kindern dankbar durchs Haar und küsst die Gattin. Vor dem Küchenfenster fliegt ein kleiner Spatz vorbei, dem jemand ein «Happy Birthday!»-Spruchband an die Füßchen gebunden hat. Und dahinter formiert sich ein Schwarm Zitronenfalter flatternd zu einem Herzen.

Soweit die Disney-Version. In der echten Welt quält man sich mit Schmerzen im Rücken und gelbem Schmodder in den Augen aus dem Bett, schleppt sich in die Küche, wo niemand einen Kaffee gemacht hat, weil niemand da ist, schaltet das Morgenmagazin ein, sieht Wulf Schmiese und schaltet das Morgenmagazin schnell wieder aus. Herzlichen Glückwunsch.

Während die Gattin, der Spatz und die Zitronenfalter mir nicht besonders fehlen, gibt es doch eins, das ich vermisse, und das sind die Geburtstagskarten. Kein Mensch schreibt heute noch Geburtstagskarten, zumindest keiner unter fünfzig. Man schreibt höchstens eine Geburtstags-E-Mail.

Am Morgen meines dreiunddreißigsten Geburtstags fand ich 23 Nachrichten in meinem Posteingang. Die ersten 19 waren Glückwünsche per Facebook. Immerhin. Aber jemandem per Facebook zum Geburtstag zu gratulieren, ist ein bisschen, wie jemandem über die Straße ein «Hallo!» zuzurufen und dann schnell weiterzurennen, weil man sich eigentlich gar nicht mit ihm unterhalten will. Ich weiß das, ich habe selbst schon vielen Menschen per Facebook gratuliert.

Mail Nummer 20 war von einer Internet-Zoohandlung. «Herr Barth, Sie haben Geburtstag! Deshalb gratulieren wir von Tierplus.de Ihnen ganz herzlich und schreiben Ihnen bei Ihrer nächsten Tiernahrungs-Bestellung 500 Gramm feinsten Rinderpansens gut!»

Und schon schmeckte auch der Kaffee nicht mehr so richtig.

Die nächste Mail war von der Deutschen Bahn. «Herzlichen Glückwunsch zu Ihrem Geburtstag, Herr Barth! Wir wünschen Ihnen alles Gute und schenken Ihnen zum Geburtstag 50 Bahnbonus-Punkte!»

Danke, Deutsche Bahn! Legt sie einfach zu den anderen sieben Phantastilliarden Bahnbonus-Punkten, die ich in den letzten zehn Jahren gesammelt und noch nie eingelöst habe. Irgendwann wollte ich mir mal für all die Punkte ein Gratisticket holen. Dazu muss man aber, wenn ich mich richtig erinnere, an einem ungeraden Kalendertag zwischen 9 Uhr 15 und 9 Uhr 17 rückwärts ins Reisezentrum gehopst kommen und dabei die Marseillaise pfeifen, sonst hat man die Einlöse-Bedingungen nicht erfüllt und wird ohne Ticket wieder nach Hause geschickt.

Die Geburtstags-Mail der Bahn ging aber noch weiter: «Klicken Sie hier und gestalten Sie Ihre eigene Geburtstagstorte!» Ich klickte und saß dann vor einer virtuellen Torte, die ich mit Hilfe einer virtuellen Sahnespritztülle, virtuellen Schokostreuseln und virtuellen Smarties gestalten konnte. Eine halbe Stunde starrte ich auf die undekorierte Torte, wie ich früher im Kunstunterricht auf meinen DIN-A3-Block gestarrt habe. Und wie damals fiel mir absolut nichts ein. Um nicht meinen ganzen Geburtstag vor der Torte zu verbringen, malte ich schließlich mit der Sahnetülle einen kleinen Penis auf den virtuellen Schokoladenguss. «Seien Sie ruhig etwas detailverliebt», ermunterte mich die Deutsche Bahn, «denn einmal im Monat wird die schönste Torte ausgewählt und für den Gewinner gebacken.» Ich war also etwas detailverliebt, machte mit Hilfe der virtuellen Schokostreusel ein paar Haare an den Pimmel, war mir aber am Ende nicht sicher, ob ich damit meine Chancen wirklich erhöht hatte.

Mail Nummer 22 kam vom Tchibo Direct Service. Umrahmt von Fischen, einem Seepferdchen und einer Auster stand da auf tiefblauem Hintergrund:

«Warum läuft die Krabbe wohl so aufgeregt hin und her? Und auch die Fische tummeln sich fröhlich im Meer. Ob die wohl eine Überraschung planen? Natürlich, denn heute ist ein ganz besonderer Tag: Ihr Geburtstag! Klicken Sie hier, wenn Sie neugierig sind, was sich die Meeresbewohner für Sie ausgedacht haben!»

Ich war noch nie so un-neugierig. Ich war frustriert. Gab es denn wirklich niemanden, keinen echten Menschen, der an mich gedacht und mir eine Mail geschickt hatte?

Meine Hoffnungen ruhten auf der letzten Nachricht. Und tatsächlich fing die ein bisschen persönlicher an als die anderen:

«Lieber Herr Barth, mein Name ist Werner Rust, ich bin Geschäftsführer der BesserVersichert GmbH, und ich will Ihnen sagen: Heute ist ein wundervoller Tag!»

«Gott sei Dank, Herr Rust», dachte ich. «Bis gerade eben hatte ich noch befürchtet, das könnte ein richtig beschissener Tag werden!»

«Heute ist ein wundervoller Tag, denn es ist Ihr Tag!», fuhr Herr Rust fort. «Wir von der BesserVersichert GmbH wollen Ihnen als einem unserer treuesten Kunden herzlich zum Geburtstag gratulieren.»

Ich überlegte kurz. Ich hatte bisher genau eine Versicherung bei der BesserVersichert GmbH abgeschlossen. Wenn ich damit einer der treuesten Kunden bin, dann frage ich mich, wo Herr Rust seine gute Laune herhat.

«Wir haben uns auch etwas für Sie einfallen lassen», schrieb Herr Rust weiter, «und extra für Sie eine ganz persönliche Geburtstags-Seite zusammengestellt. Klicken Sie einfach hier!»

Ich wurde zu einer Internetseite geleitet, auf der in 150 verschiedenen Sprachen «Alles Gute zum Geburtstag» stand. Darunter befand sich ein Link zur Wikipedia-Definition von «Geburtstag». Und im Hintergrund sang die Kölner A-cappella-Band «Wise Guys» ihr Geburtstagslied.

Es klingt vielleicht ein bisschen tragisch, aber irgendwie war ich gerührt. Immerhin hatte sich da mal jemand was für mich einfallen lassen! Da hatte sich mal jemand Gedanken gemacht! Und eine eigene Geburtstagsseite erstellt! Ich beschloss, Herrn Rust eine Dankes-Mail zu schicken. Er konnte ja nicht wissen, dass ich keine Freunde in 150 Sprachkreisen habe und kein Fan von Männer-Gesangsgruppen bin, die in fünf verschiedenen Tonhöhen «Ba ba ba ba duuuu duuuu!» singen.

Ich wollte gerade auf «Reply» drücken, da fiel mein Blick auf die unterste Zeile von Herrn Rusts Mail: «Dies ist eine automatisch generierte Mail. Bitte antworten Sie nicht darauf.»

INDOOR-BANANEN-ESSER

Eine Freundin erzählte mir kürzlich, dass sie immer denselben Albtraum hat: Darin ist sie nackt, gefesselt, und jemand peitscht sie mit Bananenfäden aus. (Das sind die pelzig schmeckenden, langen Fasern, die beim Schälen oft an der Frucht hängen bleiben.) Das allein ist schon ein seltsames Geständnis. Noch bizarrer fand ich aber die Situation, die sie sich dafür ausgesucht hatte: Wir saßen zusammen auf der Couch und schauten «James Bond – Casino Royale». In der Szene, als Daniel Craig die Hoden ausgepeitscht werden, biss ich vor Schmerzen in die Fernbedienung, sie dagegen zuckte nur die Schulter und sagte: «Das findest du schlimm? Weißt du, was viel schlimmer wäre…?»

Ich habe keine Bananen-Albträume, aber eine gewisse Skepsis gegenüber diesem Obst kann ich gut verstehen. Vor allem, wenn es sehr reif ist. Meine Mutter hatte nämlich früher einen perfiden Trick, um alte Bananen loszuwerden: Sie kam in mein Kinderzimmer und fragte mich, ob ich Lust auf eine «ganz,

ganz süße Banane» hätte. Natürlich habe ich jedes Mal euphorisch genickt. Wenige Minuten später kam sie dann mit einer dunkelbraunen Matschbanane an, die schon zwei Wochen von Fruchtfliegen umwölkt im Obstkorb gelegen hatte, von meinem Vater dreimal in der Bürotasche mit ins Amt und wieder zurückgetragen worden war und in der Zwischenzeit ein Aussehen angenommen hatte, das eher an eine zu dicke Vanilleschote erinnerte als eine Banane. Natürlich habe ich dann angewidert das Gesicht verzogen und geschworen, «dass ich so was nie, nie, niemals essen würde!». Fünf Minuten später brachte mir meine Mutter eine Bananenmilch, die ich begeistert trank. Mütter sind so hinterhältig.

Das Schlimmste an reifen Bananen ist ihr Geruch. Dieser süßlich-muffige Verwesungs-Geruch. Jedes Mal wenn ich mit der Bahn fahre, frage ich mich, warum alle Welt gegen die Raucher wettert, aber niemand den Verzehr von reifen Bananen in geschlossenen Räumen verbietet. Indoor-Bananen-Esser sind für die Nase das, was Jamba-Spar-Abonnenten für die Ohren sind. Meistens sind das dieselben Menschen, die sich vorher schon ein hartgekochtes Ei gepellt haben und als Dessert noch eine BiFi verdrücken. Dann schieben sie lässig ihre Slipper von den Füßen und legen sie neben dir auf den Sitz. Ein einziges Nasen-Pearl-Harbor.

Klar, jede Banane wird irgendwann reif, das kann man ihr schlecht verbieten. Soll man sie dann etwa wegwerfen? Das habe ich mich auch kürzlich gefragt, als ich in den Urlaub fahren wollte und noch acht Bananen im Obstkorb lagen. Ich suchte im Internet nach einer Verwertungsmöglichkeit und stieß auf ein Rezept für «Bananen-Ingwer-Limetten-Marmelade». Also ging ich los und kaufte Ingwer, Limetten, Gelierzucker und Marmeladengläser, zerdrückte die Bananen, rieb die Limettenschale ab, würfelte den Ingwer, kochte alles ein und füllte es in die Gläser. Das Ergebnis war sehr interessant, denn ich lernte, was noch schlimmer riecht als reife Banane: warme reife Banane. Als die Marmelade erkaltet war, hatte sie Konsistenz, Aussehen und Geruch von gelierter Affenkotze. Um die Frage also zu beantworten: Ja, man sollte reife Bananen einfach wegwerfen. Das Vorher-Einkochen spart man sich am besten.

Übrigens: Bei der Suche nach dem Rezept habe ich aus Spaß mal «Bananenfäden» gegoogelt. 690 Ergebnisse. Davon mindestens zehn Internetforen, in denen Jugendliche fragten, ob man Bananenfäden tatsächlich rauchen kann. Der Einfallsreichtum gelangweilter Teenager fasziniert mich immer wieder. Die Antworten der Erwachsenen, die auch mal gelangweilte Teenager waren, fielen leider eher ernüchternd aus: Natürlich kann man Bananenfäden rauchen. Es bringt aber nichts. Ich habe mich dann in einem der Foren angemeldet und folgenden Tipp angefügt: «Peitscht euch lieber gegenseitig damit aus! DAS ist mal 'n krasser Trip!»

Jetzt warte ich auf die ersten «Banana-Whipping»-Videos bei YouTube. Ich bin sicher, es wird nicht lange dauern.

IT'S AMAZING!

Ich mache mir ein bisschen Sorgen um unsere amerikanischen Freunde. Wir alle wissen, dass Amerikaner schnell zu begeistern sind, aber mittlerweile nimmt dieser Charakterzug bizarre Formen an.

Als ich mir vor zehn Jahren in New York eine Jeans kaufte, legte mir der Verkäufer anschließend den Kreditkartenbeleg und einen Stift hin. Ich unterschrieb, er schaute begeistert auf die Unterschrift und sagte: «That's amazing, dude!» – «You think so?», fragte ich überrascht, und er antwortete: «Absolutely!»

Ich fühlte mich schon ein bisschen geschmeichelt und lächelte stolz. «I have been able to write my name since the age of seven!»

Ungläubig schüttelte er den Kopf: «Wow!»

Ich drückte mich noch ein bisschen an der Theke herum, dann dachte ich mir: «Ach, was soll's!», holte mir noch eine Hose und bezahlte sie wieder per Unterschrift. Die Begeisterung des Verkäufers war kaum noch zu bändigen.

Nach der siebten Hose war dann mein Verfügungsrahmen gesprengt. Aber ich hatte einen Menschen sehr, sehr glücklich gemacht.

Das war meine erste Begegnung mit der amerikanischen Begeisterungsfähigkeit. Die nächste war dann vor vier Jahren. Ich sollte mit einer amerikanischen Autorin zusammenarbeiten, von der ich zuvor noch nie gehört hatte. Jessy hieß sie, und als wir einander vorgestellt wurden, fiel sie mir sofort um den Hals und begrüßte mich mit einem überschwänglichen: «Markus! Finally! *So* pleased to meet you!» Dabei küsste sie mich links und rechts auf die Wange. (Das heißt, sie küsste nicht meine Wange, sondern die imaginäre Verlängerung meiner Wangen links und rechts. Wir wissen ja, das Immunsystem der Amerikaner ist so empfindlich, dass ihnen bei einer tatsächlichen Berührung oder einem Kuss sofort die Lippen wegfaulen würden.) Dann stellte sie sich vor mich und fragte ernst: «So tell me: How are you? What are you doing? Oh my god, it's so amazing!» Es war, als hätte Jessy ihr ganzes Leben lang kein anderes Ziel gehabt, keine andere Hoffnung, keinen anderen Wunsch, als mich zu treffen. Ich war gerührt. Sie findet es «amazing!», mich zu treffen! Und ich stehe hier rum, habe keine Ahnung, wer die Frau ist, und habe mich ehrlich gesagt ungefähr so stark auf sie gefreut, wie man sich nach einem Montag auf den Dienstag freut!

Ich wollte das gerade alles gutmachen und ihr sagen, dass auch ich mich wahnsinnig freue, doch da hatte Jessy sich schon wieder weggedreht und einen anderen Kollegen ins Visier genommen. Seitdem weiß ich: «It's amazing!» heißt im Amerikanischen irgendwas zwischen «Na?» und «Laaangweilig!».

Jedes Mal wenn ich seitdem Amerikaner sehe, habe ich das Gefühl, dass dieser Hang zum überbordenden Enthusiasmus immer noch ein bisschen schlimmer geworden ist. Wenn Sie das nicht glauben, schauen Sie mal eine amerikanische Dauerwerbesendung im Nachtprogramm. Da können sich Verkäuferinnen stundenlang darüber freuen, dass ein Entsafter tatsächlich Saft herstellt. Und wenn sie dann den Saft auch noch probieren, hat man ein bisschen Angst, dass ihnen vor lauter Begeisterung die Augäpfel aus dem Gesicht schießen und den Kameramann niederstrecken. Die Amerikaner sind ein Volk der Schnapp-Atmer geworden, eine Nation, die permanent Luft einsaugt, weil sie irgendwas «amaaaazing!» findet, und sei es nur die gute Luft, die sie gerade einatmen.

Sollten Sie also vorhaben, in den nächsten Monaten in die Staaten zu fliegen, dann stellen Sie sich schon mal darauf ein, bei Starbucks eine Szene wie die folgende mitzuerleben:

Ein Kunde kommt herein. Der Verkäufer schmeißt die Arme in die Luft und jubelt: «Oh my god, oh my god, you're here!»
Der Kunde greift sich fassungslos an den Kopf: «Don't tell me, you'll be serving me today?»
Der Verkäufer strahlt übers ganze Gesicht: «Yes, I am! I am proud to be your host for the next five minutes.»
Der Kunde fasst sich an die Brust: «Oh, that's awesome, dude! I want some coffee.»
Der Verkäufer strahlt übers ganze Gesicht: «You must be kidding! Coffee? You? That's so wonderful!»
Er schenkt ihm eine Tasse ein. Der Kunde probiert. Er reißt

die Augen auf und schreit: «Jesus, that's the best coffee I've ever had!»

Der Verkäufer bricht in Tränen aus: «Really? That means so much to me!»

Der Kunde bricht ebenfalls in Tränen aus. Einer der übrigen Kunden fängt an zu klatschen. Die anderen Kunden stimmen rhythmisch ein. Ein alter Mann schleudert seinen Stock in Richtung Himmel und schreit: «He likes his coffee! Hallelujah!»

Alle stimmen ein. Verkäufer und Kunde umarmen sich und weinen.

Das gilt natürlich nur, wenn Sie noch in diesem Jahr nach Amerika reisen. Nächstes Jahr ist das alles bestimmt noch ein bisschen schlimmer.

JAN-TORBEN, PACK DEINE BRÜSTE EIN!

Einmal im Jahr treffen sich im AStA-Café der Kölner Universität (und in allen anderen AStA-Cafés Deutschlands) die Studentenvertreter und beschließen einen Streik. Da aber kein Mensch merken würde, wenn Studenten einfach zu Hause blieben, überlegen sie fieberhaft, wie sie ihren Streik möglichst publikumswirksam und kreativ in Szene setzen können. Irgendwann springt dann die Susi aus der Fachschaft Erziehungswissenschaften auf und schreit: «Ich hab's! Wir demonstrieren einfach ...» Sie macht eine spannungsgeladene Pause, und alle hängen an ihren Lippen, bis es schließlich aus ihr herausplatzt: «... nackt!»

Sie macht wieder eine Pause und schaut in die Runde, als hätte sie gerade das Energieproblem der Industrienationen gelöst.

Das wäre eigentlich der Zeitpunkt, an dem irgendein Kommilitone gelangweilt die Backen aufblasen und fragen müsste: «Nackt? Wir demonstrieren doch jedes Jahr nackt! Und wenn wir gerade mal nicht nackt demonstrieren, gibt's bestimmt bei

Spiegel Online 'ne Bilder-Galerie von 'nem Fotokünstler, der ein Shooting mit tausend Nackten macht. Nackt ist sooo langweilig! Nackt ist das neue Angezogen! Denkt doch mal bitte ernsthaft nach!»

Aber da es schließlich die gutaussehende Susi war, die diesen Vorschlag eingebracht hat, halten alle den Mund. Stattdessen streckt der Sven aus der Fachschaft Vergleichende Literaturwissenschaften seinen Zeigefinger in ihre Richtung und sagt anerkennend: «Susi, du hast einfach die besten Ideen!» Dann fügt er noch hinzu: «Wie wär's, wenn wir uns mit Fingerfarbe auf den Bauch schreiben: ‹Für Bildung geben wir das letzte Hemd›?» Auch hier wäre wieder ein guter Zeitpunkt, die Backen aufzublasen und Bilder der Demos der letzten zehn Jahre rauszuholen. Aber auch das macht keiner. Stattdessen schlägt einer vor, auch noch einen Nackt-Kalender zu veröffentlichen. Und der etwas dickliche Jan-Torben von den Informatikern reißt sich das Metallica-T-Shirt vom Leib und fummelt an seinem Gürtel herum, während er mit einem auffordernden Seitenblick in Richtung Susi «Los geht's!» murmelt.

Dann rennen Deutschlands Jungakademiker durch die Innenstädte, mit nichts als Outdoor-Sandalen und einer Trillerpfeife bekleidet, schütteln ihre äußeren Geschlechtsmerkmale in jede verfügbare Kamera und sind sich sicher, dass sie die verrücktesten und kreativsten Jungakademiker sind, die dieses Land je gesehen hat. Aber was macht die Öffentlichkeit? Nichts. Ein paar Rentner fotografieren die jungen Studentinnen für ihr privates Album, und der Rest der Passanten gähnt die aufgedrehten Nachwuchsakademiker an, wie eine Herde Milchkühe auf der Schwäbischen Alb einen Trupp Wanderer angähnt. Nacktdemos interessieren keinen Menschen mehr. Früher waren die vielleicht noch ein Erlebnis. Mitglieder der Anti-Atom-Bewegung zogen sich aus und streckten den gepanzerten Polizisten ihre ausladende Schambehaarung entgegen. Das war neu, das war ein Skandal, das war vor 30 Jahren! Wenn heute ein Nackter über die Straße rennt, denkt sich der Durchschnittspassant ungefähr Folgendes: «Ach guck, der ist nackt. Na ja. War ich heute morgen auch.»

Wir werden so überschwemmt mit Nacktheit, dass es mich nicht wundern würde, irgendwann einen Hermelin auf einem Plakat zu sehen, der sich selbst das Fell abzieht, unter der Überschrift: «Lieber nackt als noch mehr B-Promis auf PETA-Plakaten!»

Also bitte, Jan-Torben, pack deine Brüste ein!

Und um sicherzugehen, dass dasselbe Theater nächstes Jahr nicht wieder passiert, hier zwei sehr wichtige Listen zum Ausschneiden und Im-AStA-Café-Aufhängen:

1. Dinge, die man nackt tun sollte:
A. Duschen
B. Sex
C. Ärztliche Untersuchung

2. Dinge, die man NICHT nackt tun sollte:
A. Demonstrieren

(Die zweite Liste ist zugegebenermaßen nicht ganz vollständig, aber alles Wesentliche ist drin.)

LOB AUF DEN LANDGASTHOF

Ich wollte früher nie wandern gehen, weil ich keine Leiche finden wollte. Man liest das doch jeden zweiten Tag in der Zeitung: Leiche liegt im Wald, übel zugerichtet und halbverwest, wer findet sie? Zwei Wanderer. Und dann hat man den Ärger: Polizei, Zeugenaussage, zehn Jahre Therapie, um das Trauma zu überwinden. Ich habe mich immer gefragt: Warum bleiben die Leute nicht einfach zu Hause? Ich habe noch nie gehört, dass sich jemand bei einem gemütlichen Fernsehnachmittag nach einem Erdnussflip bückt und dabei unter der Couch eine Leiche entdeckt.

Doch dann wurde ich dreißig, und wer dreißig wird, muss wandern gehen. Da kann man leider nichts gegen machen. Der Wandel geschieht völlig abrupt, meistens an einem Wochenende. Noch am Samstagabend steht man mit seinen Freunden in einem Club, tanzt zu «Gossip» und trinkt Mojitos. Man balanciert Sambuca-Gläser auf dem Kopf, liegt irgendwann mit dem Gesicht voraus im Garderobenstapel und wird von den

Freunden nach Hause getragen. Am nächsten Tag wacht man auf und trägt plötzlich eine Jack-Wolfskin-Jacke und Lowe-Schuhe. In der Hand hat man den «Wanderführer Bergisches Land» und auf dem Rücken einen ergonomisch geformten Rucksack, in dessen Seitenteil eine silberne Thermoskanne mit dampfendem Fenchel-Tee steckt. Verwirrt steht man auf, schleppt sich aus der Wohnung, tapert unter dem Spottgejohle 29-jähriger Passanten zur Bahn und fährt zu irgendeiner Haltestelle am äußersten Rand der Großstadt, wo die Umgebung zum neuen Outfit passt.

Und da steht man dann in Eckelsbach, Frunzenhausen oder Wurlitzerrode. Man schaut aus verquollenen Augen auf geleckte Einfamilienhäuser mit quietschgelber Plastik-Rutsche im Vorgarten und Holz-Klang-Stäben vor der Haustür. Eine misstrauische Dorfbewohnerin mit pinker Strähne im blonden Haar und Glitzersteinchen auf den schräg lackierten Gel-Fingernägeln kommt aus ihrem Haus und zieht die Kinder in Sicherheit. Spätestens wenn dann auch noch der Herr des Hauses aus seiner Garage schaut, die ölverschmierten Hände an einem Lumpen abputzt und zum Laubrechen greift, sollte man sich nach einer Wanderwegs-Markierung umsehen und ihr in den nächstbesten Wald folgen.

Das Problem mit diesen Markierungen ist: Kaum ist man tief drin im Wald, hören sie auf. Das liegt daran, dass diese Wege von den Bewohnern der umliegenden Ortschaften markiert werden, und denen kommt es eigentlich nur darauf an, die verquollenen, nach Sambuca stinkenden Großstädter möglichst schnell aus ihrem Ort zu haben. Wenn man dann tief genug im Wald ist, werden die Markierungen erst immer verwirrender (aus einem roten Pfeil wird ein blauer Pfeil), dann immer bizarrer (der blaue Pfeil zeigt Richtung Baumkrone oder auf einen Felsblock) und verschwinden dann völlig. Zeitgleich pflügt ein Bauer aus dem Ausgangsort mit seinem Trecker den bereits zurückgelegten Wanderweg um, damit man auch ja nie mehr zurückfindet.

Auch ich stand bei meiner ersten Tour im Bergischen Land urplötzlich mitten im Nichts. Ich holte mein iPhone heraus und öffnete Google Maps. Ich bin sicher: Wenn Smartphones lachen könnten, hätte sich meines in diesem Moment weggeschmissen. Aber Google Maps konnte sich gerade noch so zusammenreißen und zeigte mir lieber eine einheitlich grüne Waldfläche. Egal, wie weit ich nach links, rechts, oben und unten scrollte – das Display blieb grün.

Also steckte ich das Telefon weg und öffnete stattdessen meinen Wanderführer. Ich schaute unter Eckelsbach, Frunzenhausen oder Wurlitzerrode nach, fand tatsächlich den Weg und las, wie es weitergehen sollte: «Kurz vor einem Föhrenwäldchen erreichen wir die Mäander des Durbachs, wo früher solide Grauwacke gebrochen wurde. Vor dem alten Molitorhof nehmen wir die ausgebaute Viehtrift links des Backes und durchqueren so den Siefen.» Ich steckte den Wanderführer weg und griff nochmal zum Telefon, um «Grauwacke», «Backes» und «Siefen» zu googeln. Doch jetzt konnte sich mein Handy nicht länger zusammenreißen, prustete in sein Gehäuse hinein, ließ den letzten kleinen Empfangsbalken aus dem Display verschwinden und verabschiedete sich in den «Komplett unnütz»-Modus. Ich war offiziell am Arsch.

Wahrscheinlich überlegen jetzt die ersten 29-Jährigen, ob sie nicht einfach den Kopf etwas fester in den Garderobenstapel pressen sollen, um ihren dreißigsten Geburtstag gar nicht erst zu erleben. Aber halt! Das Beste, nee, das einzig Gute an der ganzen Wanderei kommt jetzt!

Denn kaum ist man mal sieben Stunden durchs Dickicht gestrunkelt, hat sich das Gesicht an Brombeerhecken zerkratzt und die Füße an großen Klumpen Grauwacke blutig geschlagen, da öffnet sich der Wald, und man sieht ihn: den Landgasthof.

Es ist das mittlere Haus in einem aus höchstens drei Gebäuden bestehenden Ort. Vor dem Landgasthof steht eine Tafel mit dem Bild eines dicken Kochs und der Aufschrift «Wir empfehlen». Sonst steht nichts drauf, man muss auch nichts empfehlen, ist eh das einzige Wirtshaus weit und breit. Wer was essen will, kommt hierher. Man kann ja schlecht auf die Tafel schreiben: «Wir empfehlen: Was essen!»

Der hungrige Wanderer öffnet also die Tür und tritt in den dunklen Gastraum. An den Wänden hängen Rehgeweihe und ausgestopfte Wildschweinköpfe. Auf einer Fensterbank sitzt ein verstaubter Porzellan-Pierrot mit einer Träne auf der Wange. Man setzt sich an einen Tisch, auf dem eine Decke liegt, die zwar aus zehn Metern Entfernung aussieht wie handgeklöppelt, in Wahrheit aber aus abwaschbarem Plastikschaum besteht. Die Tischdeko beschränkt sich auf ein Fläschchen Maggiwürze. Im Landgasthof weiß man noch, worauf es ankommt.

An der Theke lehnt die deutlich zu dicke Tochter des Hauses und gähnt, weil sie gestern mit der Jessi, dem Wupsi und dem Checker bis fünf Uhr morgens in der «Phoenix» tanzen war.

Dann plärrt ihr Vater einen Befehl aus der Küche, und sie bringt einem die Karte an den Tisch.

Die Speisekarte des Landgasthofs zeichnet sich vor allem durch die vollkommene Abwesenheit der Präposition *an* aus. Hier gibt es kein «Steak an Bohnen», keinen «Zander an jungen Kartoffeln» und kein «Lammcarré an Topinambur». Im Landgasthof ist alles noch *mit*. Es gibt «Wildgulasch mit Spätzle», «Rinderrouladen mit Salzkartoffeln» und «Sauerbraten mit Klößen», auch in der Seniorenversion mit vier statt fünf Scheiben Fleisch. Sogar für Vegetarier gibt es etwas im Landgasthof, zum Beispiel den Beilagensalat mit Schinkenstreifen.

Echte Profis essen im Landgasthof aber sowieso nur das eine: Schnitzel. Die sind aus Schweinefleisch oder Kalbfleisch, vielleicht auch aus irgendwas anderem, das interessiert hier keinen. Ein gutes Schnitzel muss nicht zart sein und nicht raffiniert gewürzt. Ein gutes Schnitzel ist eines, das links und rechts vom Teller lappt. Und paniert muss es sein. Im Landgasthof ist jedes Schnitzel paniert, egal ob Wiener Schnitzel, Zigeunerschnitzel oder «Schnitzel Hawaii». Sogar das Schnitzel «Natur» ist paniert, kann man ja abkratzen, wenn man's nicht mag. (Eine echte Herausforderung ist übrigens das Jägerschnitzel: Wer es bestellt, sollte zusehen, dass er es isst, bevor die Panade die Soße restlos aufgesaugt hat und die Champignons auf dem aufgeschwemmten Semmelbrösel-Pampf liegen wie Fische auf dem Boden eines ausgetrockneten Sees.)

Man isst also und isst, man schnauft und prustet, man isst

weiter und bläst die Backen, bis der Knopf der Wanderhose vom Bund platzt und der immer noch gähnenden Bedienung in den Mund fliegt.

Und wenn man es dann endlich geschafft hat, wenn man den letzten Bissen in den Mund gesteckt hat – dann bestellt man sich noch ein Eis mit heißen Himbeeren und einen Cappuccino, der zu einem Achtel aus Nescafé und zu sieben Achteln aus Sprühsahne besteht.

Dann verlässt man den Landgasthof. Man hält sich den Bauch und versucht irgendwie weiterzuatmen. Man legt sich behutsam auf die Seite und ruft die Bedienung. Die gibt einem einen leichten Tritt, man rollt bis zur nächsten Straßenbahnhaltestelle und fährt glücklich nach Hause. Dann verdaut man eine Woche lang und bricht zur nächsten Wanderung auf.

Natürlich muss man nicht zwingend wandern gehen, sobald man dreißig wird. Es gibt noch eine Alternative: Man kann sich auch ein absurd teures Fahrrad kaufen, 18 Wasserflaschen dranschrauben, sich in hautenge Lycra-Klamotten zwängen, einen federleichten, aerodynamischen und wahnsinnig lächerlichen Styropor-Helm aufsetzen und so lange durch den Matsch fahren, bis man einen dunkelbraunen Iro auf dem Rücken hat.

Aber ganz ehrlich: Ich würde mich für den Landgasthof entscheiden!

KOPF NICHT IN BETRIEB

Wer schon mal bei McDonald's einen Kaffee getrunken hat, weiß, dass auf dem Deckel steht: «Caution! Contents Hot!» Und warum? Weil irgendwo in Amerika jemand einen Kaffee gekauft und im Auto zwischen die Beine geklemmt hat. Dann ging der Deckel auf, und der Kaffee hat dem Menschen alles verbrannt, was es da so zu verbrennen gab. Dann hat er geklagt, recht bekommen, und seitdem steht das dadrauf.

Ich weiß nicht, wie's Ihnen geht, aber ich bin dagegen. Ich bin ein großer Fan eines Rechtssystems, welches davon ausgeht, dass Menschen denken können. Und das sie bestraft oder zumindest nicht belohnt, wenn sie es trotzdem nicht tun. Denn sonst steht bald auf jedem Kloreiniger: «Nicht für Cocktails verwenden», auf jeder Schere: «Achtung! Kann unter Umständen Dinge zerschneiden!», und wenn ich morgens aufwache, hängt über mir ein großes Plakat mit der Aufschrift: «Der Bundesgesundheitsminister rät: Weiteratmen!» Noch ist es nicht so weit, aber das Offensichtliche zu beschriften, kommt immer mehr in Mode.

Ein Beispiel: Die Stadt Köln hat kürzlich die hässlichen grauen Abfallcontainer am Aachener Weiher im Boden versenkt und kleinere, unauffällige Mülltonnen darauf platziert, durch die der Müll direkt in die unterirdischen Container fällt. Eigentlich eine feine Sache, aber dann kam irgendein städtischer Angestellter ins Grübeln und dachte sich: «Nee, diese Mülltonnen, die sind viel zu unauffällig. Metallgehäuse mit Klappe mitten im Park – wie sollen die Leute denn wissen, dass das eine Mülltonne ist? Könnte ja auch ... 'ne Mikrowelle sein!»

Ein zweiter Angestellter nickte dann wohl zustimmend: «Ja genau! Da stellen die Leute mittags ihr Essen rein und wundern sich, dass das Zeug nicht warm wird. Und sogar in der Erde verschwindet!»

Der erste Angestellte fühlte sich bestätigt: «Nee, da schreiben wir mal besser *Abfall* vorne drauf ...»

Gesagt, getan. Das war auch noch nicht schlimm. Aber dann hat, wie es scheint, ein dritter Angestellter gefragt: «Hm, und was, wenn jemand von der Seite kommt? Der sieht die Aufschrift ja gar nicht!»

«Stimmt», sagte der erste Angestellte und dachte nach. Schließlich hatte er die rettende Idee: «Dann schreiben wir das eben auf jede verdammte Seite!»

Und so kam es. Jetzt stehen am Aachener Weiher vier ehemals unauffällige Abfalleimer, die auf jeder Seite einen riesigen Aufkleber mit der Aufschrift ABFALL tragen. Die grauen Riesencontainer waren irgendwie subtiler.

Mein persönliches Highlight der deutschen Beschriftungswut ist aber ein Schild, das ich kürzlich an einer Straßenlaterne in Hannover prangen sah. Da stand: «Leuchte nicht in Betrieb».

Mal ganz davon abgesehen, dass es wahrscheinlich einfacher gewesen wäre, die Leuchte zu reparieren, als dieses Schild dran zu hängen, gibt es natürlich ein naheliegendes Problem: Wenn ich tagsüber daran vorbeigehe, kann ich es zwar lesen – es interessiert mich aber nicht. Ist ja hell!

Nachts dagegen werde ich durchs Dunkel stolpern, gegen den Laternenmast wemmsen und mir denken: «Sakradi, wenn's hier 'ne Laterne gibt, warum schalten die sie dann nicht an?» Das wäre der große Auftritt des Schildes. Man sieht es aber nicht. Ist ja dunkel!

Aber ich hätte da einen Vorschlag: Wenn man sich schon die Mühe macht, so ein Schild zu drucken, zu prägen und aufzuhängen, dann sollte man zumindest auch noch das Geld investieren, um das Schild angemessen anzustrahlen. Zum Beispiel von einer anderen Leuchte. Wäre aber gut, wenn zumindest die in Betrieb wäre.

Oder wir verzichten auf den ganzen Quatsch und machen das, was wir schon immer gemacht haben, wenn jemand gegen eine Laterne wemmst: kurz und herzhaft lachen. Und wenn er dann die Stadt verklagen will – noch herzhafter lachen.

BRUSTGESCHIRR!

Meine Brüder haben beide Kinder und erzählen mir oft Geschichten von anderen Eltern, die die Augenbrauen kritisch hochziehen und dabei Sätze sagen wie: «Ihr legt euren Jungen in einen Kinderwagen ohne doppelte Pneumatik-Federung? Puh ...» Oder auch: «Sie ist vier und kann noch kein Wort Englisch? Na ja ...» Dann verabschieden sich diese Eltern meistens schnell, und während sie mit der einen Hand noch winken, rufen sie mit der anderen schon das Jugendamt an.

Nach solchen Erzählungen habe ich meinen Brüdern immer breit ins Gesicht gelacht und gesagt: «Zum Glück hab ich keine Kinder, da muss ich mir so was nicht anhören!» Das war allerdings, bevor ich mir meinen Hund angeschafft habe.

Denn was ich nicht wusste: Hundebesitzer sind um Längen schlimmer als Eltern. Tag und Nacht analysieren sie auf städtischen Wiesen Verhaltensauffälligkeiten von Welpen, beurteilen Haltungsschäden von älteren Hunden, tauschen Kochrezepte für die beste Zubereitung frischen Pansens aus und laden zur deutschen Meisterschaft im «Dog Dancing» ein. Wer «Dog Dancing» nicht kennt: Das ist eine Sportart, bei der der Hund hüpft und springt und Pirouetten dreht, während das Frauchen – es ist eigentlich immer ein Frauchen – wild gestikuliert, schnalzt und pfeift. Quasi ein Peinlichkeits-Wettbewerb zwischen Mensch und Tier, den fast immer der Mensch gewinnt.

Zum Glück hat sich das Problem mit den anderen Hundebesitzern irgendwann von alleine gelöst. Ich hatte Bärbel gerade vier Wochen und stand mit ihr auf unserer Stamm-Wiese herum. Neben mir diskutierten andere Hundebesitzer die Vor- und Nachteile von Hodenimplantaten bei kastrierten Rüden. Irgendwann taxierte eine rüstige Mittsechzigerin mit viel Frisur und wenig Hund (Chihuahua-Mops-Mischung namens «Othello» mit strassbesetztem Brustgeschirr) erst Bärbel und dann mich, deutete mit ihrem üppig beringten Zeigefinger auf meinen Hund und quäkte: «Warum trägt die denn ein Halsband?»

Alle anderen Hundebesitzer verstummten sofort und rotteten sich unauffällig hinter der Alten zusammen. Anscheinend lag diese Frage ihnen allen schon lange auf den Lippen. Naiv, wie ich war, antwortete ich: «Na ja, Leine am Ohr festklipsen ist irgendwie komisch, oder?»

Unter den Hundebesitzern ertönte ein Raunen. Einer schob kurz seinen Kopf von hinten an der Frisur der Mittsechzigerin vorbei und bellte: «Brustgeschirr!»

Ich verstand noch immer nichts. «Sie müssen der ein Brustgeschirr anziehen! Sie reißen ihr doch sonst den Kopf ab!», klärte mich die Wortführerin auf.

In dem Moment wusste ich: Wenn ich es irgendwann schaffen wollte, für immer Ruhe vor diesem Trupp zu haben, dann jetzt. Ich schüttelte also entschieden den Kopf: «Da machen Sie sich mal keine Sorgen. Bärbel und ich haben gestern erst ‹Flugzeug› gespielt. Kennen Sie ja: so mit der Leine ordentlich im Kreis rumwirbeln. Und Sie sehen ja, der Kopf ist immer noch dran!»

Alle schauten mich fassungslos an. Für einen Moment sah es so aus, als wollten sie mich mit brennenden Fackeln und Mistgabeln von der Hundewiese jagen. Doch da gerade weder Fackeln noch Mistgabeln zur Hand waren, wurde beschlossen, die Versammlung aufzulösen und mich ab sofort zu ignorieren.

Doch als ich kürzlich mal wieder auf dieser Hundewiese stand und die Einsamkeit genoss, während sich die Hundeversteher auf der Nachbarwiese drängten, näherte sich mir eine gutgelaunte und -genährte Blondine um die fünfzig. In der Hand hatte sie eine Flexi-Leine, an deren Ende ein sehr dicker Hund hing, der mit seiner Besitzerin um die Wette keuchte. «Huhu!», rief mir die Blondine zu und winkte freudig.

«Bleiben Sie weg, mein Hund trägt ein Halsband!», rief ich zurück. Doch sie lachte nur und antwortete in breitestem Kölsch: «Dat is nit schlimm. Han disch die Hunde-Nazis auch verstoßen?»

Ich nickte.

«Na dann: Willkommen bei den Hunde-Parias! Isch bin die Uschi aus Nippes, seit drei Jahren Persona non grata bei den Klugscheißern da drüben.»

Uschi streckte mir ihre Hand entgegen. Während ich sie schüttelte, fragte ich: «Und was habt ihr falsch gemacht?»

Uschi deutete auf ihren Hund: «Die finden, der Bobby hat nit die erforderlischen Modelmaße.»

Tatsächlich war Bobby von Modelmaßen weit entfernt. Eigentlich war er von jeder Art Maß weit entfernt. Er war ein Beagle, genau wie Bärbel, aber wenn man die beiden nebeneinander sah, wäre man nicht auf die Idee gekommen, dass es sich um dieselbe Rasse handelte. Ich hätte noch nicht mal auf dieselbe Art getippt. Bobby wirkte eher wie eine Kuh mit sehr kurzen Beinen. Wie Bärbel und Bobby so zusammen auf der Wiese standen, sahen sie ein bisschen aus wie Katharina Abt und Otti Fischer im «Bullen von Tölz». Ich hätte mich nicht gewundert, wenn Bobby plötzlich «Aufi geht's, mir ham an Fall zu lösen!» gesagt hätte. Das Beeindruckendste an ihm war aber das Hinterteil. Beagle haben einen steil nach oben gerichteten Schwanz, der freien Blick auf den Hinterausgang gewährt. Das ist generell nicht besonders appetitlich – bei Bobby aber war es noch schlimmer. Sein Hintern sah aus wie eine geladene Waffe, als müsste man sich den ganzen Hund nur auf die Schulter stemmen, um durch leichten Druck auf den Bauch ein paar Vögel vom Ast schießen zu können. Es war beängstigend.

Ich starrte wie hypnotisiert auf Bobby und war so fassungslos, dass ich sogar eine Essens-Einladung von Uschi annahm. Einfach nur, um zu erfahren, wie man einen Hund so fett bekommt. «Und bring dat Bärbelschen mit! Isch koch uns wat Leckeres!», rief Uschi mir noch hinterher. Ich besorgte also noch schnell eine Flasche Wein und ein paar Pralinen und stand wenig später mit Bärbel vor Uschis Haustür in Nippes. Sie öffnete mir und nahm dankbar lächelnd meine Präsente entgegen. «Ui, da wird er sisch aber freuen!», sagte sie und streckte Bobby die Pralinenpackung hin. Der schnappte sie sich, zerlegte routiniert die Verpackung und machte sich sofort über den Inhalt her. Die Frage nach der Herkunft des Übergewichts war also schon geklärt. Sicherheitshalber deutete ich auf die Flasche Wein und sagte: «Der ... ist für dich!» Uschi lachte, dann beugte sie sich zu Bärbel. «Dann wollen wer disch mal losmachen!» Sie leinte Bärbel ab und wandte sich dann beruhigend an mich: «Keine Angst, kann nix passieren, is allet hundejeeichnet hier!» Es war wie im Comic: Bärbel stürmte los, rannte ohne Umwege ins Wohnzimmer, bremste auf dem rutschigen Parkett ab, duckte sich und schlidderte mit eingezogenem Kopf direkt unter die Couchgarnitur. Drei Sekunden später kam sie mit einem 40 Zentimeter langen Serranoschinken-Knochen wieder unter dem Sofa hervor.

«Ah, haste wat Leckeres jefunden, Bärbelschen?», sagte Uschi. »Han mich schon jewundert, wo der ist!» Bobby hatte sich offensichtlich auch gewundert, wo der Knochen war, und nahm die Verfolgung auf: Er machte insgesamt vier Schritte und zwei kleine Hopser hinter Bärbel, blieb dann stehen, japste atemlos, und seine Beine glitten nach außen. Er blieb auf dem Bauch liegen und gab nur noch ein hochfrequentes Pfeifen von sich.

Uschi rief: «Bobby, die is zu schnell für disch. Leg disch auf die Platte!» Auf dieses Stichwort schleppte sich Bobby zu einem fahrbaren Blumentopfuntersetzer mit Rollen, wie man ihn im Baumarkt bekommt. Er legte seinen Bauch darauf ab und schob sich dann mit den Füßen langsam weiter. So nahm er die Verfolgung wieder auf, blieb aber schon nach wenigen Metern an einer Türschwelle hängen. Irgendwann konnte ich das Drama nicht mehr mit ansehen und nahm Bärbel den Knochen ab. Uschi schaute mich kritisch an: «Darf se den Knochen doch nit haben?» Dann flüsterte sie Bärbel zu: «Is der Papa auch so 'n Hundeerziehungs-Nazi wie die anderen? Geh mal gucken, ob du noch wat anderes findest!» Sie gab Bärbel einen Klaps auf den Hintern, und die rannte los.

«Ich bin überhaupt kein Nazi», protestierte ich, «ich wollte nur ...»

Doch da kam Bärbel schon mit einem Stück Pansen im Maul aus dem Keller gerannt.

«Ja fein, Bärbelschen», sagte Uschi, «pass auf, dass der Papa es dir nit wieder wegnimmt!»

Da hatte mein Hund den Pansen aber schon längst aufgefressen und war wieder weg. Uschis Wohnung schien wie ein gigantischer Adventskalender für Bärbel zu sein, und die war wild entschlossen, jedes einzelne Türchen zu öffnen.

Uschi grinste mich an: «Gib's zu, du hast Angst um die Modelfigur vom Bärbelschen! Aber brauchst dir keine Sorgen machen, dem Bobby hat's ja auch nit jeschadet!»

Ich musste kurz lachen, riss mich dann aber sofort wieder zusammen: «Na ja, ein paar Kilo zu viel hat er schon, oder?»

Uschi schüttelte den Kopf. «Schwere Knochen. Jenau wie's Frauchen.»

Vorsichtig fragte ich, was denn der Tierarzt zu Bobbys Gewicht sagt. «Alles super», antwortete Uschi, «der Bobby hat Idealgewicht.»

«Von einem Hund?», fragte ich und dachte: «oder einem Minischwein?»

Uschi lachte schallend, dann stand sie auf: «Haha, du bist 'ne Komiker! Isch hol uns mal den Nudelsalat vom Balkon!»

Nach zwei Minuten kam sie wieder mit einer fast leeren Schale Nudelsalat und einer mayonnaiseverschmierten Bärbel. Uschi zuckte bedauernd die Schulter: «Schade, dat Bärbelschen war 'n bisschen schneller als ich.»

Ich schaute in das gutgelaunte Gesicht meines Hundes.

Dann hielt ich es nicht mehr aus: «Uschi, ich glaub, die Bärbel hat jetzt wirklich genug gefressen. Ich will kein Hunde-Nazi sein, aber sie ist das nicht gewohnt, weißt du? ... Die ganzen Leckereien und die Menschennahrung, das kennt sie nicht ...» Dann fügte ich leise hinzu: «Außerdem hab ich zu Hause keinen Blumentopfuntersetzer. Meinste, wir können die Fütterung jetzt einstellen?»

Hätte Bärbel einen Mittelfinger gehabt, sie hätte ihn mir in diesem Moment sicher gezeigt.

Uschi schaute etwas betrübt, nickte dann aber schweren Herzens. «Na jut», sagte sie. Dann legte sie eine kurze Pause ein und fragte: «Aber 'n Kau-Stängchen darf sie doch haben, oder?»

Ich atmete tief durch: «Von mir aus, gib ihr ein Kau-Stängchen.»

Uschi nickte, ging zum Kühlschrank, holte eine 30-Zentimeter-Rinder-Salami heraus und warf sie Bärbel hin.

Danach sind wir gegangen. Also: Ich bin gegangen. Bärbel konnte nicht mehr gehen. Ich habe sie auf die Schulter genommen und unterwegs noch ein paar Vögel vom Baum geschossen.

WÜNSCH DIR NIX!

Wir unterbrechen dieses Buch für eine wichtige Meldung:

«Schnauze voll» nach Rhonda Byrnes «The Secret»:
Universum wünscht sich keine weiteren Wünsche
Überall. Das Universum hat gestern in einer Pressekonferenz bekanntgegeben, dass es ab sofort keine weiteren Wünsche mehr annimmt. Auslöser dafür ist der immense Erfolg von Rhonda Byrnes Buch «The Secret – Das Geheimnis», in dem die Autorin empfiehlt, wichtige Wünsche direkt ans Universum zu richten. «Jeden Tag wurde ich zugeschissen mit Wünschen aus der ganzen Welt», teilte der sichtlich gereizte Kosmos mit. «Universum, mach dies, Universum, mach das – am Anfang fand ich's ja noch ganz lustig, aber mittlerweile geht mir das Gejammer und Gebettel einfach wahnsinnig aufs Sonnensystem», erklärte die Gesamtheit aller Dinge weiter.

Viele fragen sich nun: Was bedeutet diese Entscheidung für uns Menschen? «Eigentlich gar nix», gab das Universum schulterzuckend zu verstehen. «Ich hab sowieso keinen einzigen dieser Wünsche erfüllt. Ich bin schließlich das Weltall und nicht der Weihnachtsmann.»

Vor allem die letzte Staffel «Deutschland sucht den Superstar» hat die Geduld des Universums offensichtlich stark strapaziert: «Ständig bitten mich irgendwelche Jessicas, Murats und Sorayas, dass ich sie in die nächste Runde bei DSDS bringe. Als hätte ich hier irgendwo drei Zentner Talent liegen, die ich über ihren totgebräunten Körpern ausleeren könnte. Nochmal: Ich bin der Kosmos!», so der Kosmos.

Rhonda Byrne selbst nahm die Ankündigung des Universums gelassen auf: «Für mich hat das gar keine Auswirkung», so Byrne. «Mein persönlicher Herzens-Wunsch hat sich ja schon erfüllt: Ich wurde von einer mittellosen durchgeknallten Hippie-Tusse zu einer sehr reichen durchgeknallten Hippie-Tusse. Für alle anderen tut es mir natürlich leid, aber hey: Das Leben ist kein Wunschkonzert!»

Fans des Buchs suchen nach dem Rückzug des Universums nun fieberhaft nach einem neuen Adressaten für ihre Wünsche. Als Favoriten gelten im Moment das Kamener Kreuz, der Zimt-Wuppi von Kamps und Michael Wendler.

MAMA VS. iTUNES

iTunes ist ein drolliges Programm. Vor allem die sogenannte «Genius»-Funktion, durch die man Wiedergabelisten mit «ähnlichen Hits» erstellen kann. Die iTunes-Entwickler finden nämlich, dass die Lektionen aus meinem Holländisch-Sprachkurs sehr gut zu meiner Indie-Rock-Sammlung passen. Das ist besonders lustig auf Partys, wenn die Leute auf der Tanzfläche erst zu Mando Diaos «Long before Rock 'n' Roll» tanzen und dann «Goedemorgen, hoe gaat het met u?» wiederholen sollen.

Außerdem kramt «Genius» zuverlässig alle Peinlichkeiten aus der eigenen Musiksammlung hervor. Als ich kürzlich den Red-Hot-Chili-Peppers-Hit «Give it away» spielte und eine Wiedergabeliste mit «ähnlichen Hits» erstellen lassen wollte, empfahl iTunes «Oops, I did it again» von Britney Spears. Ich bin mir nicht sicher, ob der Chili-Peppers-Sänger Anthony Kiedis das besonders «Genius» fände.

Irgendwann wollte ich auch meine Mutter in die Bedienung von iTunes einweihen, damit sie sich «Liebe ohne Leiden» von Udo Jürgens herunterladen kann. (Bei der Gelegenheit wurde mir übrigens bewusst, dass der Ausdruck «kinderleicht» kein Kompliment für ein Computer-Programm ist. Kinder können am Rechner sowieso fast alles. «Elternleicht» – das wäre mal eine echte Auszeichnung!)

«So, Mama, jetzt musst du nur noch diesen Knopf drücken, dann geht's los», sagte ich.

Meine Mutter nickte. «Na, dann machen wir das mal.»

Sie ließ den Cursor über den Bildschirm gleiten. Doch statt bei ihrem Lieblingslied auf den «Jetzt kaufen»-Button zu klicken, blieb sie bei «Boogie Woogie Baby, do the Rock and Roll!» hängen – ohne Zweifel das musikalische Waterloo des Udo J.

«Nein, Mama!», rief ich. «Das ist das falsche!»

Aber meine Mutter lächelte mich an: «Nee, passt schon. ‹Boogie Woogie Baby› ist 30 Sekunden länger als ‹Liebe ohne Leiden›! Da krieg ich mehr für meine 99 Cent!»

Dann drückte sie auf den Knopf und lehnte sich triumphierend zurück.

Das nenn ich mal «Genius».

HUNGER-TINNITUS

In meiner Familie hat die Nahrungsaufnahme immer eine sehr wichtige Rolle gespielt. Ich habe zwei ältere Brüder, da muss man schauen, wo man bleibt – vor allem, wenn es ums Essen geht. Bei drei dauerhungrigen Fleisch-Fans in der Familie ist es verständlich, dass meine Mutter sich beim Bau unseres Hauses eine Durchreiche zwischen Küche und Esszimmer gewünscht hat. Wenn das Mittagessen fertig war, riss sie einfach kurz die Türen der Durchreiche auf, warf die Speisen zu uns ins Esszimmer und machte die Türen schnell wieder zu. Was dann hinter diesen Türen geschah, kennen nur Menschen, die ebenfalls mit zwei Brüdern aufgewachsen sind oder öfter Haifisch-Dokus schauen.

Ich halte es auch nach wie vor für einen besonders fiesen Spaß des ach so «lieben Gottes», dass er meinen Eltern drei Kinder gegeben hat und dem Brathähnchen nur zwei Keulen. Es herrschte bei uns immer Krieg um die besten Fleischstücke. Irgendwann konnten meine Eltern uns überreden, wenigstens ein Tischgebet zu sprechen, bevor die Schlacht ums Fleisch losging. Aber vor allem der Satz «Komm, Herr Jesus, sei unser Gast …» ging keinem von uns dreien je besonders überzeugend über die Lippen, da wir uns dachten: «Am Ende will der auch noch 'ne Keule!»

Natürlich gab es bei uns immer genug zu essen. Vor allem beim Fleisch kam es uns aber nie so vor. Manche Leute erinnern sich ja heute noch daran, wie sie ihr erstes Werther's Echte bekommen haben. Ich dagegen erinnere mich noch heute daran, wie ich zum ersten Mal den Satz «Nimm doch noch ein Stück!» gehört habe. Ich war bei meinem Schulfreund Thorsten eingeladen, ein Einzelkind mit reichen Eltern, die sogar ein Schwimmbad im Keller hatten. Die ganze Familie war sehr auf Fitness und ausgewogene Ernährung bedacht, und deshalb hatten sich alle schon nach dem ersten Stück Fleisch für satt erklärt, und Thorstens Mutter sagte mehr aus Höflichkeit diesen wunderbaren, unvergesslichen Satz zu mir: «Nimm doch noch ein Stück!»

«Wie?», fragte ich, völlig verdattert. «Ein Stück Fleisch?»

«Fleisch, Beilage, was immer du willst!»

Ich pikste vorsichtig in ein dickes Stück Putenbrust und wartete darauf, dass Thorsten, wie meine Brüder es getan hätten, zu seinem Messer greift und mir das Fleisch mit den Worten: «Vergiss es, das gehört mir!» aus der Hand schlägt. Aber nichts dergleichen geschah. Alle anderen am Tisch rieben sich die Bäuche und prusteten satt vor sich hin. Ich aß also immer weiter und hörte erst auf, als Thorstens Mutter mich drauf hinwies, dass die grünen Stängel, die mir da aus dem Mund hingen, eigentlich zur Dekoration gehörten. Ich habe mich danach sehr oft bei Thorsten zum Essen eingeladen, bis seine Eltern ihm irgendwann sagten, dass sie, wenn ich weiterhin so viel bei ihnen äße, bald nicht mehr ganz so reich sein würden.

Dieser tägliche Kampf um die Nahrung hat dazu geführt, dass ich heute an einer Krankheit leide, der in der Öffentlichkeit noch immer viel zu wenig Aufmerksamkeit geschenkt wird: dem mangelernährungsbedingten Ohrenpfeifen oder kurz: Hunger-Tinnitus (HT). Es ist eine grausame Krankheit, weniger für mich als vielmehr für die Menschen, die mit mir zusammenleben. Es ist eine Krankheit, die hauptsächlich Männer befällt. Wenn man so will, ist es unsere Version der Monatsblutung, nur wesentlich häufiger und viel unangenehmer. HT-Patienten sind Menschen, die ab dem Eintreten eines leichten Hungergefühls jede Art von Außengeräusch nur noch als extrem störendes Ohrenpfeifen wahrnehmen, das sie von der Nahrungsaufnahme abhält. Ausgenommen sind Sätze wie: «Huch, ich hab ja noch ein Sandwich in der Tasche! Mag das jemand?» Sobald der Tinnitus eintritt, verschlechtert sich die Stimmung der Patienten rapide. Sie sind zu keinerlei Konversation mehr fähig, und wenn sie doch dazu gezwungen werden, ist selten mehr als ein dumpfes «Grrruuuaaarhhh!» aus ihnen rauszuholen.

Ein Beispiel: Als ich kürzlich mal ohne Frühstück aus dem Haus gegangen bin, um den Hund auszuführen, hat mich mein Freund angerufen und gefragt: «Was hältst du davon, wenn ich dich am Aachener Weiher abhole und wir zu IKEA fahren?»

«Ich hab noch nicht gefrühstückt», antwortete ich, was meiner Ansicht nach eine mehr als eindeutige Antwort war. Aber Stefan hörte die Signale nicht: «Ach, wir gehen ja nur kurz.»

Wir waren noch nicht ganz im Möbelhaus, da hingen meine Mundwinkel schon tiefer durch als ein IKEA-Bett nach dreimal Draufhüpfen, ich beantwortete die Frage einer Angestellten, ob ich eine IKEA-Family-Card haben wollte, mit einem langgezogenen «Grrrruuuuaaaaaaahhhhhh!», sprang dann ins Bällchenparadies und suchte den Boden nach ausgespuckten Bonbons ab. Irgendwann schleppte Stefan mich zum Hotdog-Stand vor der Kasse, bereitete mir aus Röstzwiebeln und Remouladensauce eine Art Crunchy-Müsli und wartete, bis eine Besserung meines Gesichts-Gewitters einsetzte.

Wenn auch Sie einen Hunger-Tinnitus-Patienten zu Hause haben und solche Zwischenfälle vermeiden wollen, sollten Sie drei einfache Verhaltensregeln beachten:

1. Spannen Sie den Patienten nicht unnötig auf die Folter. Wenn er zum ersten Mal den Satz «Ich habe Hunger» sagt, haben Sie noch ungefähr fünf Minuten, bevor er einem Kind eine Brezel aus der Hand schlägt, eine Bratwurstbude überfällt oder einen Dalmatiner reißt. Lassen Sie es nicht so weit kommen. Helfen Sie dem Patienten bei seiner Suche nach Lebensmitteln. Und – um mal mit einem weitverbreiteten Gerücht aufzuräumen: Obst ist kein Lebensmittel! Zumindest keines, das man mit dem Ziel der Sättigung zu sich nimmt. Jemandem, der an Hunger-Tinnitus leidet, zu raten: «Iss doch mal 'nen Apfel!», ist, wie einem Heroinabhängigen zu sagen: «Lutsch doch mal 'nen Traubenzucker!» Der einzige Sinn von Obst ist, in Körben und auf Tellern zu liegen, schön auszusehen und nach und nach immer mehr Fruchtfliegen als Nistplatz zu dienen. Flüssige Lebensmittel verdienen diesen Namen übrigens auch

nicht. Joghurt wurde zum Beispiel, wie wir alle spätestens seit der «Activia»-Werbung wissen, nur dazu erfunden, um aufgeblähte Frauen vor der Explosion zu bewahren. Lebensmittel, das sagt ja schon der Name, sind nur Dinge, die mal gelebt haben. Alles andere ist Deko.

2. Wenn Sie Lebensmittel bei sich haben, geben Sie sie lieber ohne Umschweife dem HT-Patienten. Ein Zoopfleger geht auch nicht mit einem Rindersteak in der Hand in einen Tigerkäfig und sagt: «Ich hab hier was für euch. Aber erzählt doch erst mal – wie war euer Tag?»

3. Helfen Sie Hunger-Tinnitus-Patienten bei ihrem schwierigen Weg durchs Leben. Vergessen Sie Meisenknödel – die Meisen legen für uns schließlich auch keine Lebensmittel aus. Suchen Sie stattdessen in Ihrer Stadt nach Gegenden mit einer geringen Dichte an Imbissbuden, Kiosken und Metzgereien. Hängen Sie dort kleine Trockenwürstchen an Bäume und Laternen. Wer weiß, vielleicht retten Sie damit sogar einem Dalmatiner das Leben.

NICHT OHNE MEINE HARTWURST

Was ist schlimmer als die Angst zu verhungern? Richtig, die Angst, im Ausland zu verhungern. Kürzlich war ich mit der Familie meines Freundes am Gardasee; Stefan hatte angekündigt, vor der Fahrt ein paar Lebensmittel einkaufen zu wollen. Nur für den Fall, dass die Supermärkte schon geschlossen wären. Kaum hatte er seine Einkäufe in den Kühlschrank unserer Ferienwohnung geräumt, kamen meine Schwiegermutter und beide Schwägerinnen angeschlichen, alle drei ebenfalls mit Kühltasche bewaffnet und alle drei mit dem gleichen entschuldigenden Lächeln: «Wir dachten nur, falls du was vergessen hast!» Und tatsächlich: Wir hatten sowohl «Exquisa Frischkäse in Scheiben» als auch den «Senf-Honig-Feigen-Aufstrich», die «Rewe Feine Sahne-Leberwurst» und den «Mondamin Pfannkuchen Teig-Mix» vergessen.

Wir waren während des gesamten Urlaubs nicht einkaufen.

Ich selbst bin von der Angst vor dem Auslands-Hungertod kuriert. Aber erst seit einem denkwürdigen Urlaub in Montpellier. Es waren die Osterferien vor meinen Abiturprüfungen. Mein Kumpel Mike und ich hatten beschlossen, gemeinsam mit dem Rucksack nach Frankreich zu fahren. Wir packten also unsere Sachen, und als wir schon fast fertig waren, hatte ich die unfassbar bescheuerte Idee: «Wir sollten auf jeden Fall noch ordentlich was zu essen mitnehmen!»

Mike schaute mich verwundert an: «Warum?»

Ich zuckte die Schulter: «Weil wir sonst verhungern!»

«Ja, aber dann können wir doch was kaufen und kochen!»

Und genau davor hatte ich Angst. Erstens konnte ich nach sieben Jahren Schulfranzösisch zwar stundenlang über die Schwierigkeiten maghrebinischer Einwanderer in Marseille reden, aber nicht mal hundert Gramm Schinken in der Metzgerei bestellen. Und zweitens hatte ich Angst vor Mikes Kochkünsten. Ich wusste, dass er auf einem Zeltlager am Bodensee einmal ein Mädchen hatte beeindrucken wollen, indem er sie zum Grillen einlud. Er kaufte ein Tiefkühlhähnchen, spießte es auf einen Holzstock und hielt es über das Lagerfeuer. Irgendwann war das arme Huhn außen kohlschwarz und innen noch gefroren. Seitdem liegt es auf dem Grund des Bodensees. Das Mädchen ist an dem Abend übrigens auch nicht so richtig aufgetaut.

Ich entgegnete also: «Nee, Kochen ist viel zu umständlich. Lass uns lieber hier was Fertiges kaufen.»

«Aber wir haben doch keinen Kühlschrank!», entgegnete Mike.

«Dann müssen wir eben was kaufen, das sich auch ohne Kühlung hält», sagte ich. «Zum Beispiel 'ne Hartwurst!»

Hartwurst oder besser: «Haddwurschd» ist das fränkische

Wort für Salami und stammt aus einer Zeit, als man italienische Feinkost in Franken noch für «neumodisches Zeuch» hielt. Also bis vor etwa zwei, drei Jahren. Es gab zwei Sorten Hartwurst: Normale Hartwurst kam vom Metzger, war etwa so dick wie eine Gurke und hatte eine durchsichtige Papierhaut. Und dann gab es da noch «die gude Haddwurschd vom Aldi». Die war etwas dünner als die Metzgers-Salami und tarnte sich mit ihrer weißen Plastikhaut als italienische Edelwurst.

Außerdem prangte auf der Verpackung die Zeichnung eines italienischen Bauernhauses. Davor stand eine dicke Matrone, die einem fröhlichen Genießer einen Scheibe ihrer selbstgemachten Salami abschnitt, während an der Regenrinne ihres Hauses mehrere Hartwürste zum Trocknen in der Sonne hingen. Ich dachte mir: Wenn eine Hartwurst die italienische Sommerhitze erträgt, dann erträgt sie bestimmt auch die französische April-Sonne.

Die Hartwurst hatte außerdem den Vorteil, dass man sie wie ein Schwert seitlich in einen stramm gepackten 50-Liter-Trekking-Rucksack schieben und auch wieder daraus hervorziehen konnte – das perfekte Reise-Fastfood.

Die beiden Lehramtsanwärterinnen, die wir über die Mitfahrzentrale gefunden hatten und die uns nach Montpellier mitnehmen wollten, waren auch tatsächlich sehr beeindruckt, als wir auf der ersten Autobahnraststätte unsere Hartwürste aus dem Rucksack zogen. «Das ist ja clever», sagte die eine. «Da spart man sich die teuren Raststätten-Brötchen!» Ich nickte nur und lächelte Mike zu.

«Aber hält die sich denn auch?», fragte die andere.

«Ewig!», erwiderte ich und biss kraftvoll hinein.

Dann kamen wir in Montpellier an. Unsere Jugendherberge lag genau gegenüber von einem französischen Bauernmarkt. Und als wir am ersten Morgen über diesen Markt schlenderten, vorbei an französischen Landpasteten, Käse, Meeresfrüchten, duftendem Brot und vollreifen Früchten, dauerte es keine zwei Minuten, bis Mike mich fragte:

«Sollen wir uns nicht mal was zum Essen kaufen?»

Ich zuckte die Schulter: «Aber wir haben doch noch die Hartwurst!»

Mike nickte stumm.

Wir hatten die ganze Woche «noch die Hartwurst». Jeden Abend setzten wir uns an den Rand des Bauernmarktes, zogen die fleischigen Knüppel aus dem Rucksack und bissen hinein.

Leider erwies sich auch die Sache mit der unbegrenzten Haltbarkeit als Fehleinschätzung. Schon am zweiten Tag im Süden schmolz das in der Wurst verarbeitete Fett und bildete oben auf dem Anschnitt einen kleinen See, den man vor jedem Bissen abschütten musste. Durch den Verlust des Fetts wurde die Wurst immer mehr zu einer Art fleischiger Luftschokolade. Aber wegschmeißen konnten wir sie doch auch nicht. Es war schließlich «die Gute vom Aldi!».

Wir hätten die Reste der Hartwurst wohl wieder mit nach Deutschland genommen, wenn ich nicht am siebten Tag, dem Tag unserer Abreise, von einem Schrei geweckt worden wäre. Mike stand vor unserem geöffneten Schrank und rief: «Oh mein Gott, man hat uns beklaut!» Ich sprang auf, Mike setzte ein entsetztes Gesicht auf und sagte: «Sie haben die Hartwurst mitgenommen!»

Ich fragte nicht nach. Nicht einmal, als ich sah, dass sie wirklich *nur* die Hartwurst mitgenommen hatten.

Was danach auf dem Bauernmarkt in Montpellier geschah, ist dort bis heute noch als «Der Zwischenfall mit den zwei ausgehungerten Deutschen» bekannt. Fragen Sie mal nach!

PINGUIN, KÜCHENSCHABE UND CO.

Immer, wenn ich Pferde sehe, stelle ich mir dieselbe Frage: Wie sehr muss dich der liebe Gott hassen, wenn er dir einen Rücken gibt, auf den genau ein Mensch passt? Ich weiß, viele Reiter glauben, es gibt für Pferde nichts Schöneres, als einen engbehosten Menschen mit lustigem Hut durch die Gegend zu tragen, aber ich habe da meine Zweifel. Kürzlich war ich auf einem Reiterhof, und ich schwöre: Die Pferde dort haben ständig nach einem Baum mit halbhohen Ästen Ausschau gehalten, mit dessen Hilfe sie sich des Sparkassendirektoren-Töchterchens auf ihrem Rücken hätten entledigen können.

Ich glaube einfach nicht an diese ganz spezielle Freundschaft zwischen Pferd und Mensch. Oder haben Sie schon mal von Freunden gehört, die zueinander sagen: «Ich kann dich echt gut leiden!» – «Ich dich auch!» – «Super, dann trag mich!»

Überhaupt habe ich immer öfter den Eindruck, dass Tiere uns Menschen weder als Freunde noch als Feinde wahrnehmen, sondern eher als gerade noch geduldete Nervensägen. Zum Beispiel mein Hund. Ich liebe Bärbel über alles, aber umgekehrt bin ich mir da manchmal nicht so sicher. Wenn ich Bärbel bei Facebook eine Freundschaftsanfrage schicken würde – ich weiß nicht, ob sie auf «akzeptieren» klicken würde. Bärbel ist ein Beagle und damit vom Charakter her eher eine Mischung aus Hund und Katze: Beagle sind heilfroh, wenn man sie einfach in Frieden lässt. Zu Hause geht es noch, da lässt sie sich ganz gerne streicheln. Es sei denn, ich streichle sie nicht genau in dem Neigungswinkel, den sie sich wünscht. Dann tapert sie mit einem «Was kannst du eigentlich?»-Seufzer beleidigt davon. Beim Spazierengehen ist es noch schlimmer. Ich nehme manchmal einen Ball mit und versuche, sie zum Spielen zu animieren. Dann werfe ich ihn, Bärbel schaut ihm hinterher, als wollte sie sagen: «Tja, mein Freund, dann schau mal, wer das Ding aus den Brennnesseln rausholt», und frisst weiter Hasenköttel. Unsere Spaziergänge haben etwas von Sonntagsausflügen mit pubertierenden Kindern: Sobald ich die Leine abmache, läuft Bärbel fünfzig Meter hinter oder vor mir, aber nie neben mir. Ich nerve sie nicht nur, ich bin ihr ganz offensichtlich peinlich.

Besonders schlimm wird es für Tiere immer dann, wenn es Menschen besonders gut mit ihnen meinen. Man muss nur mal eine dieser nachmittäglichen Zoo-Dokus bei ARD und ZDF schauen. «Pinguin, Küchenschabe und Co.» und wie sie alle heißen. Meistens steht da ein Berliner Tierpfleger vor der Kamera und sagt gut gelaunt: «Ick habe hier für unsere Tijer 'ne Röhre mit Futter jebastelt. Da sin Fleischbrocken drinne, und die Öffnungen hab ick mit Stroh zujestopft. Wird 'n jroßer

Spaß werden, da bin ick mir janz sicher!» Dann wirft er die Röhre ins Tiger-Gehege, und die Blicke, die sich die Tiere daraufhin zuwerfen, besagen in etwa Folgendes:

«Oh Gott, er hat schon wieder was gebastelt.»

«Gehst du hin?»

«Nee, ich hab hier grade ein Sudoku angefangen.»

«Nu mach schon, er hat sich solche Mühe gegeben! Guck mal, 'ne Röhre! Vielleicht sind ein paar Fleischbrocken drin!»

«Natürlich sind da Fleischbrocken drin. Es sind jeden Tag Fleischbrocken drin! Und wie jeden Tag hat er die Öffnungen mit Stroh zugestopft – Überraschung!»

Dann stecken die Tiger die Köpfe zusammen und ziehen ein Stöckchen. Der Verlierer-Tiger legt sein Rätselheft weg und tappt gelangweilt auf die Röhre zu, macht das Stroh aus den Öffnungen, nimmt die Fleischbrocken raus und tappt wieder zurück.

Der Tierpfleger schaut dann meistens ein bisschen bedröppelt, sagt: «Ui, dit jing aba schnell, wa, da muss ick mir morjen wat Besseret einfallen lassen», und bastelt am nächsten Tag wieder eine Röhre mit Fleischbrocken.

Selbst die Medien bestätigen meine Nervensägen-Theorie: Ich habe gelesen, dass Spatzen in der Großstadt lauter tschilpen als auf dem Land, weil sie den menschlichen Lärm übertönen müssen. Wir nerven sogar Vögel, das muss man erst mal hinkriegen! Neulich saß ich in einem Straßencafé, telefonierte mit einem Freund und lachte dabei zunehmend laut. Da landete ein Spatz auf meinem Tisch, stemmte die Flügel in die Hüfte und brüllte aus voller Lunge: «TSCHIIIIILLLLLP!» Ich habe mich ein bisschen geschämt und das Telefongespräch beendet. Bärbel, die unter dem Tisch lag, nickte mit dem Kopf in meine Richtung und schaute den Spatz an, als wolle sie sagen: «Geig ihm mal ruhig die Meinung, mir geht er auch auf'n Senkel.» Der Spatz lachte, und die beiden lästerten noch ein bisschen über mich. Ich habe meinen Milchkaffee dann ausgetrunken und die Tasse über den Spatz gestülpt.

Wenn schon Nervensäge, dann richtig.

DER CLASSIC-ROCK-SCHOCK

Ich komme aus Franken, habe eine Zeitlang in München gewohnt, und meine Familie wohnt noch immer in Bayern. Deshalb lasse ich bis heute nichts auf den Süden kommen (auch wenn ich immer, wenn Markus Söder etwas im Fernsehen sagt, merke, dass ich auf einmal sehr hochdeutsch spreche). Es gibt nur eins, was man in Bayern niemals tun darf: das Radio einschalten.

Sollten Sie sich jemals darüber aufgeregt haben, dass im Radio nur noch «die größten Hits der 80er, 90er und das Beste von heute» laufen, dann kaufen Sie bitte jetzt sofort einen teuren Blumenstrauß mit einer großen Dankes-Karte, fahren Sie zu Ihrem örtlichen Sender und geben Sie ihn dort an der Rezeption ab. Wenn man Sie dann fragt, womit man das verdient hätte, sagen Sie einfach: «Weil ihr nicht der Bayerische Rundfunk seid!»

Das Bayerische-Rundfunk-Trauma begann schon in meiner Kindheit. Mein Vater hat früher jeden Abend um kurz vor sechs den Polizeireport auf Bayern 1 gehört. Das klingt erst mal spannend. Aber die Meldungen im Polizeireport von Bayern 1 hören sich alle ungefähr so an:

«Nicht schlecht staunten die Streifenbeamten aus Zandt in der Oberpfalz, als ihnen am gestrigen Dienstag gegen 22 Uhr ein Einbrecher sein nacktes Hinterteil entgegenstreckte! *(Kurze Pause, um die Überraschung wirken zu lassen)*

Der junge Mann war beim Versuch, in ein Kellerfenster zu klettern, stecken geblieben und hatte sich dabei die Hose eingerissen ...»

Es ist alles wie in einem bayerischen 70er-Jahre-Titten-Film, nur ohne die Titten. Und obwohl die Meldungen an sich schon harmloser nicht sein könnten, ist es ganz wichtig, dass sie auch noch zu einem versöhnlichen Ende kommen. Zum Beispiel so: «Die Beamten konnten die völlig verstörte Kuh schließlich mit vereinten Kräften aus dem Gotteshaus hinausscheuchen, woraufhin ihr überglücklicher Besitzer sie sofort in die Arme schloss.»

Damit die Bayern-1-Hörer danach auch Zeit haben, sich zu erholen und milde lächelnd den Kopf zu schütteln, kommt nach jeder Meldung ein bisschen Blasmusik. Diese Blasmusik besteht, soweit ich mich erinnern kann, aus exakt einer Tuba und klingt deshalb immer gleich:

«Wob-wob, wob-wob, wob-wob, wobobobob, wob-wob, woooob.»

Ende.

Was habe ich mir gewünscht, irgendwann mal eine Meldung zu hören wie: «Nicht schlecht staunten die Streifenpolizisten im oberbayerischen Miesbach, als ihnen ein geistig schwer gestörter Waffennarr erst ins Gesicht schoss und sich dann daranmachte, die Kuh zu schlachten, die die Beamten gerade erst aus einer Kirche gescheucht hatten. Die Kuh entkam, stattdessen schlachtete der Waffennarr den überglücklichen Besitzer der Kuh», gefolgt von einem entsetzt-verdatterten «Nöööt ... pfffrt ... tröööööt!» der Bayern-1-Tuba.

Doch das geschah nie.

«Aber was ist mit der Musik?», werden jetzt vielleicht manche fragen. «Es gibt doch bestimmt auch einen *Jugendsender* beim BR!»

Ja, den gibt es, er heißt Bayern 3, das ist das Jugendlichste, was man in Bayern so hören kann, und deshalb moderiert dort unter anderem – Fritz Egner.

Das ist das Wochenend-Highlight. Unter der Woche läuft das Programm folgendermaßen: Um 9 Uhr startet die Show «Bayern 3 – der Vormittag». Der Moderator legt einen zündenden Meat-Loaf-Hit ein und spielt ihn in voller Länge aus. Dann ist es auch schon 12, und «Bayern 3 – der Mittag» beginnt. Das ist etwas abwechslungsreicher, weil keine Meat-Loaf-Hits gespielt werden, dafür das Gesamtwerk von Jon Bon Jovi. In der bayerischen Verfassung steht nämlich, dass jedem Sender, der nachmittags länger als 10 Minuten keinen Bon-Jovi-Hit spielt, sofort die Sendelizenz entzogen wird. Das ist auch nicht schlimm, denn Jon Bon Jovi ist schließlich ein dufter Typ mit echt fetzigen Hits, die die bayerischen Hörer immer wieder gerne hören. Findet zumindest die Musikredaktion von Bayern 3. Manchmal versucht man sich auch an etwas Neuem, Experimentellem und spielt ein paar weniger bekannte, junge

Künstler. Zum Beispiel Roxette. Gefolgt von Bon Jovi, versteht sich, um die Hörer nicht zu sehr zu verschrecken.

In der Regel werden die Bon-Jovi-Pausen aber mit dem Herzstück des bayerischen Radios gefüllt: *Classic Rock*. AC/DC, Foreigner, ZZ Top und alles, wozu alte Männer gerne das Haar schütteln, das sie nicht mehr haben.

«Aber Bayern 3 ist doch sicher nicht der einzige Musiksender in Bayern», werden jetzt vielleicht manche fragen. «Da gibt es doch bestimmt noch eine Alternative!» Ja, die gibt es. Sie heißt Antenne Bayern. Und ihr Slogan lautet: «Wir spielen noch mehr Classic Rock!»

So viel zum Radio in Bayern. Was ich dagegen sehr mag, ist das Bayerische Fernsehen. Zum einen wegen dieses lustigen kleinen Schrecks, den ich immer bekomme, wenn ich einen Moderator sehe und mir denke: «Oh verdammt, ich hab aus Versehen in die 50er Jahre gezappt!»

Zum anderen wegen des Vorweihnachtsprogramms. Wenn man im Advent das Bayerische Fernsehen einschaltet, bietet sich immer dasselbe Bild: Ein bis obenhin eingepackter Moderator streift über einen festlich beleuchteten Weihnachtsmarkt und sagt Sätze wie:

«Liebe Zuschauer, herzlich willkommen hier auf dem Weihnachtsmarkt in Tuntenhausen. Des ist jetzt allerweil die staate Zeit, wo der Mensch zur Ruhe kommt und sich zurückbesinnt auf das Wunder der Geburt Christi. Und damit auch Sie zu Hause ein wenig zur Ruhe kommen, haben wir für Sie a recht a buntes Programm zusammengestellt. Als Erstes hören Sie ‹Aba heidschi Bumbeidschi›, gspuit von der Hoiz-Tupfi-Dinki-Blosn aus Germering. Danach erklärt Ihnen die Hupfenlechners Zensi, wie man aus Steckrüben Vanillekipferl schnitzt. Und zum Abschluss spielt das Hackbrett-Orchester Daglfing seinen lustigen Nikolaus-Hit: ‹Mei Sackerl is so dick!› Auf geht's, Buam!»

Ich weiß gar nicht, was mich an diesen Weihnachtsmarkt-Reportagen so begeistert. Wahrscheinlich ist es die vollkommene Abwesenheit von Classic Rock.

DIE ENTDECKUNG DER SAUBERKEIT

Im Film «Avatar» kann man sehen, wie das Naturvolk der Na'vi ihre Flugdrachen, die Ikran, zähmt. Der Krieger begibt sich dazu mitten unter die Drachen, eines der Tiere fordert ihn zum Kampf auf, die beiden liefern sich eine blutige Schlacht, und wenn der Krieger Glück hat, kann er den Ikran zähmen, und die beiden gehen eine Symbiose zu beidseitigem Nutzen ein.

Genauso war es bei mir und meiner ersten Putzfrau.

(Ich weiß, man sagt heutzutage nicht mehr Putzfrau, das ist irgendwie politisch unkorrekt. Man sagt jetzt «Reinigungshilfe». Das wiederum ist politisch korrekt, aber inhaltlicher Schwachsinn. «Reinigungshilfe» würde ja bedeuten, dass mir jemand beim Reinigen hilft. Betreutes Reinigen sozusagen. Der Sinn einer Putzfrau ist aber, dass sie putzt und ich nicht. Und da sie noch dazu eine Frau ist, ist der Ausdruck «Putzfrau» meiner Meinung nach sehr sinnvoll.)

Lange hatte ich mich dagegen gesträubt, eine Putzfrau zu engagieren. Zwar schwärmten mir alle meine Freunde vor, wie toll es sei, nach Hause zu kommen und eine saubere Wohnung vorzufinden. «Diese Sauberkeit! Dieser leichte Zitrusduft in der ganzen Wohnung! Und die Zeit, die du dir sparst!», sagten sie, wenn in der Kneipe mal wieder das Gespräch auf dieses Thema kam. Nur um kurz darauf aufzuspringen und «Fuck, die kommt ja morgen – und ich hab noch gar nicht aufgeräumt!» zu rufen. Clevere Putzfrauen schaffen es nämlich, ihren Arbeitgebern ein schlechtes Gewissen zu machen, wenn die mal ein paar Socken auf dem Boden liegen lassen, die falschen Reinigungsmittel gekauft haben oder auch einfach nur da sind. Kürzlich rief mich mein Kumpel Mike an und fragte mit krächzender Stimme, ob wir was zusammen trinken gehen wollen.

«Bist du nicht krank?», fragte ich ihn.

«Ja, aber Swetlana ist da, und du kennst sie ja. Sie kann es nicht leiden, wenn ich hier im Weg rumliege, während sie wischt.»

So richtig sicher, dass eine Putzfrau nichts für mich ist, war ich mir aber erst, als Mike wenig später in der Kneipe eine SMS von Swetlana bekam, mit dem Wortlaut: «Muss jetzt weg. Sehr stark Monatsblutung!»

Aber dann kam alles anders. Denn genau wie in «Avatar» habe ich mir meinen ersten Putz-Ikran nicht ausgesucht, sondern er hat mich erwählt. Irgendwann stand Britta vor meiner Tür und erzählte mir, sie sei die Putzfrau meines Nachbarn, habe sich aber gerade mit ihm gestritten und suche jetzt einen neuen Job. Ob ich denn nicht eine Putzhilfe bräuchte. Da mein damaliger Nachbar ein extrem unsympathischer, an die Wände klopfender Mülltonnen-Durchsucher war, stellte ich sie sofort ein. Das sollte ich bald bereuen.

Britta war um die fünfzig und hatte streng nach hinten gekämmte graue Haare, die sich in einem streng zurechtgezurrten Pferdeschwanz vereinten. An Britta war alles streng, vor allem ihr Blick, mit dem sie sofort meine Wohnung scannte wie eine Gefängnis-Aufseherin, die nach einem Joint sucht. Sie stieß ein paar «Uiui», «Na ja» und «Puh» aus, zog dann gelbe Gummihandschuhe aus ihrer Tasche, streifte sie schnalzend über und verkündete, sie werde jetzt mit der *Grundreinigung* beginnen. Dann schaute sie mich auffordernd an. Erst als sie in Richtung Tür nickte, verstand ich, was sie wollte, und verabredete mich mit Mike. Vier Stunden später erhielt ich von ihr die SMS: «Kannst wiederkommen. ABER SCHUHE AUS!»

Als ich nach Hause kam, blieb mir die Spucke weg. Diese Sauberkeit! Dieser leichte Zitrusduft in der ganzen Wohnung! In Gedanken klammerte ich mich wie ein Na'vi an Brittas strengen Hals und beschloss, sie nie wieder loszulassen.

Bis dann eines Tages meine Reiniger aufgebraucht waren. Britta hatte die leeren Flaschen in den Mülleimer gestopft und mir auf einem Zettel klargemacht, dass sie nicht länger bereit sei, sich mit Ökoreinigern auf Basis biologisch abbaubarer Tenside herumzuplacken. Sie formulierte es allerdings ein bisschen prägnanter: «Mit schwuler Scheiße kannst du selber putzen!» Auf demselben Zettel kündigte sie an, ab sofort ein um 20 Prozent erhöhtes Gehalt zu erwarten und die Reinigungsmittel in Zukunft selbst zu besorgen. Ich weiß nicht genau, womit sie dann geputzt hat, aber ich weiß, dass ich beim Betreten der Wohnung meine Lungenbläschen explodieren hörte. Außerdem hätte ich schwören können, dass mein Laminat früher dunkelbraun war und nicht schwefelgelb.

Mir war klar, dass ich diesen Ikran nie zähmen würde, und ich ließ Britta deshalb fliegen.

Allerdings hatte ich mittlerweile die Sauberkeit für mich entdeckt und wollte nicht mehr auf eine Putzfrau verzichten. Ich schaltete deshalb eine Anzeige: «Suche entspannte Putzfrau, die's auch ohne Salpetersäure macht.»

So bekam ich Dolores. Die war Spanierin, bildhübsch und entspannt. SEHR entspannt. Es gab nur ein Problem: Sie war keine Putzfrau. Ich habe mal gehört, dass es in der Münchner Frauenkirche einen «Teufelstritt» gibt. So nennen sie eine bestimmte Stelle, von der aus man kein einziges Fenster sehen kann. In meiner Wohnung gab es zu dieser Zeit einen «Dolores-Tritt», der sehr nah bei der Eingangstür lag und von dem aus man keinen Schmutz in der Wohnung sehen konnte. Aber eben nur da.

Da ich Dolores stundenweise bezahlte, verbrachte sie die Zeit, die sie beim Putzen eingespart hatte, mit ihrer Lieblingsbeschäftigung: nach Größe sortieren und stapeln. Dolores hat alles nach Größe sortiert und gestapelt, was man stapeln konnte: Bücher, Elektrogeräte, Obst – alles. Manchmal entstanden dadurch echte Kunstwerke, die ich dann fotografiert habe. Stolz meiner Sammlung ist der 2003er-Sofakissen-Turm, auf dessen Spitze Dolores die ebenfalls nach Größe sortierten Fernbedienungen drapiert hat, abgerundet mit einer in der Sofaritze gefundenen Erdnuss.

Allein für diese Installation hätte ich Dolores ewig weiterengagiert. Aber dann kam der Januar 2005. Ich hatte gerade meine Steuerunterlagen für das Vorjahr sortiert, sämtliche Rechnungen, Taxiquittungen und Kassenbelege in tagelanger Fissel-Arbeit hinter Kontoauszüge geordnet auf meinem Schreibtisch ausgebreitet. Dann ging ich weg, um mir einen Umschlag zu kaufen. In der Zwischenzeit kam Dolores. Danach habe ich mich von ihr getrennt.

Da ich durch Dolores immerhin wieder ans Selber-Putzen gewöhnt war, dachte ich, ich belasse es dabei und verzichte auf eine neue Putzfrau. Aber dann steckte mir ein Kollege einen Zettel mit einem Namen und einer Telefonnummer zu und raunte: «Die ist gut. Richtig gut. Und wenn du sie schlecht behandelst, mach ich dich platt!» Das fand ich so spannend, dass ich Leyla sofort angerufen habe. Leyla war eine höchstens einen Meter sechzig große, drahtige Türkin mit grauem Haar und schmalem Gesicht, die die 60 sicher schon hinter sich hatte und trotzdem wahnsinnig energiegeladen wirkte. Ich hatte die Tür kaum geöffnet, da umarmte sie mich schon, zwickte mir in die Wange und sagte: «Oh, du bist guter Junge, seh ich sofort!» Noch bevor ich antworten konnte, schaute sie zu meinen Fenstern, kniff die Augen zusammen und sagte: «Oh, Fenster sind aber dreckig!»

Ich hatte einen kurzen Nazi-Britta-Flashback und wollte mich gerade entschuldigen, da rief Leyla schon: «Aber dafür bin ich ja jetzt da!» Dann zwickte sie mir nochmals in die Wange, sagte: «Oh, bist du gute Junge!», legte ihre Jacke ab, schnappte sich einen Putzeimer und fing an, ihn mit Wasser und Spülmittel zu füllen. Ich konnte mein Glück kaum fassen.

Ich war so begeistert von Leyla, dass ich irgendwann anfing, sie weiterzuempfehlen. Unter anderem an Jochen, einen meiner besten Freunde.

Eine Woche später kam Leyla zu mir und fragte mit einem komischen Unterton: «Schätzelein, wie gut kennst du diese Jochen?»

Sie sah dabei ein bisschen aus wie Marlon Brando in «Der Pate». Nur ohne die Katze. Ich fragte vorsichtig: «Wieso?»

Leyla verzog das Gesicht: «Is nicht so guter Junge wie du. Backofen war so dreckig! Und Toilette ... Puh!» Leyla rümpfte die Nase. Ich versicherte ihr, Jochen sei ein nur ganz entfernter Bekannter von mir, was sie sichtlich beruhigte.

Drei Wochen später bekam ich eine SMS von Jochen: «Weißt du, wann Leyla aus der Türkei wiederkommt? Meine Wohnung hätt's echt nötig!»

Ich kam ins Grübeln. Schließlich ist Jochen ein wirklich guter Freund von mir. Ich entschied mich für das einzig Richtige und schrieb zurück: «Keine Ahnung, ich warte auch auf sie.» Dann machte ich Leyla, die gerade meine Fenster putzte, einen Kaffee und beschloss, Jochen in Zukunft nicht so oft zu treffen.

Es war alles so schön mit Leyla. Bis ich eines Tages nach Hause kam und meine Sofakissen neue Bezüge hatten. Orangefarbene Polyesterbezüge mit neongrünen Streifen. Die alten Bezüge hatte Leyla in die Waschmaschine gesteckt, was nach über fünf Jahren bestimmt eine gute Idee war. Ich wusch die Bezüge, zog sie dann wieder auf die Kissen und legte Leylas Bezüge ordentlich gefaltet auf meinen Tisch. Als ich nach Hause kam, waren Leylas Bezüge wieder aufgezogen, meine steckten im Müll.

Kurz überlegte ich, ob ich darüber hinwegsehen sollte, aber ich machte mir Sorgen um den Rest meiner Einrichtung.

Von Kissenbezügen ist es schließlich nur ein kleiner Schritt zu Bettwäsche, Gardinen und Schränken. Ich zog die Kissen also wieder ab und lud Leyla zum Kaffee ein. Nachdem sie mir dreimal in die Wange gezwickt und viermal bescheinigt hatte, dass ich «ein guter Junge!» bin, holte ich die Kissenbezüge hervor und fing an:

«Leyla, die Kissen ...»

«Ach, Liebchen, hab ich gerne gemacht, kein Problem. Bist du guter Junge!» Zwick!

Ich lächelte schwach: «Leyla, es ist nur ... ich brauche die eigentlich nicht.»

Leyla lachte: «Liebchen, brauchst du doch Kissenüberzug, wie sieht denn sonst aus?»

«Aber ich hatte doch Kissenbezüge!»

«Ja, hässliche. Hab ich neue gekauft. Kein Problem.» Zwick!

«Aber die neuen ...» Ich rang nach Worten. «Also ... die passen auch irgendwie gar nicht zu ... zum ... zu der Tischdecke», stammelte ich vor mich hin.

Leyla winkte ab: «Kein Problem, kauf ich dir auch neue.» Sie verzog das Gesicht: «Ist sowieso hässlich!»

«Nein», sagte ich schnell. «Ich finde die nicht hässlich, außerdem passt sie super zu dem Tisch!»

«Ja, de Tisch ...» Leyla schüttelte den Kopf. «De Tisch, de Tisch, de Tisch ...» Sie lächelte: «Kann ich dir neue besorge, aber musst du mir helfe trage!» Zwick!

«Nein, Leyla. Kein neuer Tisch, keine neue Tischdecke und vor allem keine neuen Kissenbezüge. Ich möchte meine Wohnung lieber selber einrichten. Können wir uns darauf einigen?»

Leyla blies die Backen auf und atmete tief durch. Dann seufzte sie: «Na gut. Aber nur, weil du bist so gute Junge!»

Leyla kam nie wieder. Stattdessen traf ich zwei Tage später Jochen in der Kneipe, der mich freudestrahlend fragte: «Ist das geil, dass Leyla wieder da ist? Die ist so klasse! Hat mir aus ihrem Türkeiurlaub sogar ein paar Kissenbezüge mitgebracht! Mann, Mann, Mann, was wären wir ohne Leyla, oder?»

Tja. Was wären wir ohne Leyla? Frag mich in vier Wochen nochmal.

SPANNUNG!

Wenn man glaubt, man hätte was Wichtiges zu sagen …

… und macht dann alle naslang …

… eine bedeutungsschwere Pause …

… damit die Leute ewig warten müssen …

... bis sie erfahren ...

... was man sagen will ...

… ist das nicht spannend …

… sondern eher anstrengend.

Stimmt's?

Eben.

Kann das jetzt bitte jemand Marco Schreyl, Heidi Klum und Detlef D! Soost sagen?

Vielen Dank.

DA LÄSST SICH DOCH NOCH WAS AM PREIS MACHEN

Wenn ich in einem orientalischen Land leben würde, wäre ich entweder bettelarm oder tot. Der Grund dafür ist ganz einfach: Ich kann nicht feilschen. Lieber würde ich verhungern oder mein gesamtes Erspartes für ein Pfund Kartoffeln ausgeben, als mich vor einem Verkäufer aufzubauen, die Daumen in den Gürtel zu schieben und mit Düsseldorfer Bauunternehmer-Attitüde ein «Fünf Euro? Ich geb dir drei!» zu knöttern. (Vielleicht würde ich zur Not ein «Ich geb dir 4 Euro 90!» schaffen, aber man will ja nicht ausgelacht werden.)

Besonders krass fällt mir das immer im Urlaub auf. Ich wollte mal in Südafrika auf einem Markt ein paar Souvenirs für zu Hause kaufen. Dabei habe ich brav jedem Verkäufer das bezahlt, was er verlangte. Als ich fertig war, packten alle ihre Sachen zusammen, klappten die Verkaufstische ein und traten gut gelaunt einen vierwöchigen Urlaub an.

Ich kann es einfach nicht. Und ich konnte es noch nie. Als ich neun war, wollten mir meine Eltern im Italienurlaub auf dem

Kleidermarkt in Tarvisio einen türkisfarbenen Snoopy-Pullover kaufen. Sie fingen an zu feilschen und hatten das Ding irgendwann tatsächlich auf zehn Mark heruntergehandelt. Die Verkäuferin packte den Pulli in eine Tasche, meine Mutter öffnete ihren Geldbeutel und sagte mit verschmitztem Lächeln: «Was haben wir gesagt? Sieben Mark, oder?» Die Verkäuferin protestierte, aber mein Vater grinste und sagte: «Also, ich hab auch sieben verstanden.» Nur Klein Markus schüttelte heftig den Kopf und quäkte unterm Verkaufstisch hervor: «Nee, Mama, zehn Mark waren's. Ich hab's genau gehört!» Jetzt grinste die Verkäuferin und tätschelte mir den Kopf, meine Mutter presste die Lippen zusammen, und mein Vater hat den Snoopy-Pulli dann zur Strafe selbst getragen.

Mein Albtraum begann, als vor zehn Jahren in Deutschland das Rabattgesetz fiel. Ich sah mich schon in meiner REWE-Filiale stehen, mit einem Pfund Butter und einem Karton Apfelsaft in der Hand, während Fräulein Silvia von Kasse 1 mich verschlagen angrinst und sagt: «Dat macht dann vierundneunzisch Euro, aber für Sie saang wer neunzisch!» Zum Glück hat eine Mischung aus deutscher Behäbigkeit und Ordnungsliebe das verhindert. Das Pfund Butter kostet immer noch, was am Regal steht, und Fräulein Silvia und ich bleiben Freunde.

Nur ein einziges Mal in meinem Leben hat mich das Fieber gepackt. Das Feilsch-Fieber. Ich hatte bei Habitat eine Couch gesehen, die ich unbedingt haben wollte.

Damals besaß ich noch ein blaues IKEA-Ausklappsofa, dessen Sitzkissen nach fünf Jahren Intensiv-Nutzung abschüssiger waren als die Olympia-Abfahrt in Whistler. Bei jedem Fernsehabend rutschte ich auf der IKEA-Piste langsam Richtung Laminat, rappelte mich in der Werbepause wieder hoch und richtete die Sitzkissen, nur um dann die nächste Abfahrt anzutreten.

Es musste also eine neue Couch her, und bei Habitat hatte ich sie gefunden. «Scala» hieß sie, und schon der Name klang für mich nach Schönheit, Eleganz und Seelenfrieden. Und jedenfalls kein bisschen nach Sofa-Abfahrten. Da Scala mein Budget aber bei weitem überstieg, zog sich die Entscheidung mehrere Monate hin. Wie andere Leute jeden Samstag ins Tierheim gehen und einen Hund ausführen, ging ich jeden Samstag zu Habitat und setzte mich auf meine Couch. Als ich meinem Freund dann eines Samstags ganz gerührt zeigte, dass sich in der Schaumstoff-Fütterung der Couch schon eine kleine Kuhle gebildet hatte, in die genau mein Hintern passte, fand Stefan, es wäre an der Zeit, das Ding endlich zu kaufen. Ich stimmte ihm zu, schaute aber nochmals mit sorgenvoller Miene auf das Preisschild. Und dann sagte ich zum ersten Mal in meinem Leben diesen folgenschweren Satz: «Jetzt wird gefeilscht!»

Stefan findet Feilscherei noch peinlicher als ich, aber da mussten wir jetzt beide durch. Ich suchte mir also den Verkäufer aus, bei dem ich mir die besten Chancen ausrechnete. Meine Wahl fiel auf ein schmal gebautes Bübchen mit Seitenscheitel und Augenbrauenpiercing, das gerade Bastkörbe sortierte.

«Entschuldigung?»

Er schaute mich an, als wäre das Wort «blasiert» extra für ihn erfunden worden: «M-hm?»

«Hören Sie mal», sagte ich, «die Couch da, die interessiert mich sehr.»

«M-hm», näselte er nochmals.

Dann setzte ich mein jovialstes Düsseldorfer Bauunternehmer-Grinsen auf und sagte: «Da lässt sich doch bestimmt noch was am Preis machen ...»

Das Bübchen schaute erst mich an, dann meinen Freund und dann die Couch. Und dann sagte er: «Nein.»

Er lächelte, und ich hörte, wie Stefan ihm hinter meinem Rücken zuflüsterte: «Ich gehör nicht dazu!», und sich wegdrehte.

Ich geriet völlig aus dem Konzept. Aus meinem Düsseldorfer Bauunternehmer wurde ein Kölner U-Bahn-Bauer, den man gerade mit 50 Eisenbügeln in der Tasche erwischt hat. Ich suchte krampfhaft nach einer souveränen Erwiderung. Aber das Einzige, was mir einfiel, war ein langgezogenes und viel zu hohes: «Doch!» Im Nachhinein bin ich sehr froh, dass ich nicht noch mit dem Fuß aufgestampft habe.

Der Verkäufer blickte noch einmal auf, sein Piercing rutschte samt Augenbraue einen Zentimeter nach oben, dann schüttelte er kaum merklich den Kopf: «Nein.» Er widmete sich wieder seinen Bastkörben.

Ich schaute hilfesuchend zu Stefan, der sich beschämt einen Kaffeeteller vors Gesicht hielt.

Mir blieb nichts anderes übrig, als den Satz zu sagen, für den ich schon oft andere Kunden aus dem Geschäft hätte prügeln können: «Da würde ich gerne mal mit Ihrem Chef sprechen!»

Das blasierte Bübchen schien davon überhaupt nicht beeindruckt und zuckte die Schultern: «Okay.»

Er stakste davon. Hoffnungsvoll drehte ich mich zu Stefan, hob einen Daumen und flüsterte: «Läuft!» Stefan schüttelte den Kopf und versteckte sich dann, so gut es ging, unter dem Lampenschirm «Grande».

Als der Verkäufer schließlich mit dem Chef zurückkam, sagte ich nochmals mein Sprüchlein. Dann sagte der Chef sein Sprüchlein. Es war ein sehr kurzes Sprüchlein: «Nein!»

«Jetzt kauf sie doch einfach!», hörte ich den Lampenschirm «Grande» wimmern.

Aber jetzt konnte ich nicht mehr. Ein letztes Mal bäumte ich mich auf, steckte meine Daumen in den Gürtel, schaute die beiden Rabatt-Verweigerer entschlossen an und schmetterte: «Wenn das so ist, dann gehen wir jetzt!»

Und da endlich hatte ich das Gefühl, dass sich etwas bewegte. Für einen kurzen Moment konnte ich sehen, wie den Verkäufer und seinen Chef ein Ruck durchfuhr. Sie schauten sich an. Dann schauten sie mich an. Und dann sagten sie beide …: «Wiedersehen!»

Ich habe Stefan unter dem Lampenschirm hervorgezogen und mit wehenden Fahnen den Laden verlassen. Nicht ohne vorher zu schwören, dass ich nie mehr bei Habitat einkaufen werde.

Das war Samstag. Am Montag drauf setzte ich mir eine Baseballkappe und eine dunkle Sonnenbrille auf, schlich durch den Hintereingang in den Laden, krallte mir einen anderen Verkäufer und kaufte die Couch.

Die Demütigung war perfekt. Man hätte es einfach dabei belassen können. Aber Habitat war anderer Meinung. Am Dienstag bekam ich eine Postwurfsendung. Der Text: «Habitat räumt das Lager: 20 Prozent auf alles!»

EINE WEIHNACHTS- GESCHICHTE

Wir leben in Zeiten der Globalisierung, und viele Menschen haben davor Angst. Wahrscheinlich aber nur, weil sie nicht wissen, was die Globalisierung Gutes für uns tut. Wie sie uns helfen kann, unser Leben zu meistern, uns neue Chancen eröffnet. Chancen wie diese, von der ich gestern in der Zeitung gelesen habe:

Bizarres Outsourcing:
Erste Familien lassen Weihnachten im Ausland feiern
München/Songyuan. Die Globalisierung ist in den deutschen Haushalten angekommen. Neuester Trend: Viele lassen ihr Weihnachtsfest von Familien in Billiglohnländern feiern. Eine Idee mit Zukunft?
Dazu Rolf Beyer, Familienvater aus München und erfolgreicher Unternehmer: «Mein Traum war immer: einfach mal den ganzen Dezember in Ruhe durchzuarbeiten. Und dann kam mir die Idee: Meine Firma lässt

schon lange in China produzieren – warum lasse ich dann nicht auch in China feiern?»

Beyer nahm Kontakt zu einer Familie in der chinesischen Kleinstadt Songyuan auf. «Die haben mir sofort ein All-inclusive-Angebot gemacht: Sie backen Plätzchen, sie kaufen Geschenke und schenken sich die dann am Heiligabend. Sie laden sogar am ersten Weihnachtsfeiertag ihre Eltern zum Essen ein. Und das alles für schlappe 100 Euro. Dafür kriegt man's in Deutschland einfach nicht», so Beyer.

Auch die Familie war mit der Outsourcing-Idee sofort einverstanden: «Klar, unser Jüngster war ein bisschen enttäuscht», räumt Beyer ein. «Aber auch nur, bis wir ihm ein Flug-Ticket nach China gekauft haben. Jetzt wird er am Heiligabend mit Familie Hueng unterm Tannenbaum sitzen – oder was die da für Bäume haben.»

Beyers nächstes Projekt: Er will auch seine Firmenweihnachtsfeier in China abhalten lassen. Bisher hat er jedoch noch keine chinesische Sekretärin gefunden, die bereit wäre, sich mit nacktem Hintern auf den Kopierer zu setzen.

Und schon wird aus der hässlichen Fratze der Globalisierung ein lachendes Gesicht, so freundlich wie das auf der Kindermortadella. Das hat übrigens bald Schlitzaugen, kommt nämlich auch aus China. Aber das kann Sie jetzt sicher nicht mehr beunruhigen.

WAVE YOUR HANDS LIKE YOU CARE

Kurze, aber sehr wichtige Frage: Was macht man auf Konzerten eigentlich mit seinen Händen?

Nicht auf klassischen Konzerten, da ist ja alles klar. Da hat man die Hände am Programmheft, wedelt sich damit Luft zu, guckt recht wichtig und sagt dann so was wie: «Also, wie der Rattle die Tremoli immer rausarbeitet!»

Nein, ich meine Rock- und Popkonzerte. Da kann man zwar headbangend und Gliedmaßen schüttelnd in der ersten Reihe stehen. Aber was, wenn man sich ganz brav und dreißigjährig im Mittelfeld des Zuschauerraums herumdrückt? Wohin dann mit den Händen? Anfangs hat man noch ein Bier in der Hand, da ist noch alles klar: Eine Hand am Bier, die andere in der Hosentasche, der Kopf nickt lässig im Takt mit, der Mund formt ein wohlwollendes Schnütchen – das ist cool, das ist souverän, das sieht wahnsinnig aufgeräumt aus. Aber irgendwann ist das Bier leer und man selbst zu faul, nochmal rauszulaufen und ein neues zu holen. Dann drückt man am Plastikbecher herum, quetscht ihn im Takt zusammen und lässt ihn wieder auseinanderspringen, irgendwann ist er kaputt, die letzten Biertropfen laufen einem über die Hand, man lässt den Becher fallen, und dann fängt das Dilemma an: Wohin mit den verdammten Händen?

Beide Hände in die Tasche stecken sieht gelangweilt aus. Oder pervers, je nachdem wie sehr man die Hände bewegt. Die Arme um die Begleitung schlingen geht natürlich, aber auch nur, wenn man eine hat. Und wenn man hinter ihr steht. Denn wenn man neben ihr steht und die Begleitung mitschlingt, sieht man aus wie zwei Plüschaffen mit Klettverschlussarmen. Außerdem muss man dann das ganze Konzert über den Kopf verdrehen und kriegt einen Krampf im Nacken. Wunderkerzen sind eine schöne Hand-Beschäftigungs-Maßnahme, aber eine sehr kurze. Und mit Wunderkerze auf einem Rammstein-Konzert zu stehen, ist wahrscheinlich noch perverser, als die Hände in die Hosentasche zu stecken. Am liebsten würde ich meine Hände ja an der Garderobe abhacken und in die Jackentasche stecken, aber vermutlich haben die Konzertveranstalter was dagegen, wenn man ihnen den Hallen-Boden vollblutet.

Kürzlich habe ich einen Freund nach seiner Meinung zu diesem Problem gefragt. Er zuckte nur die Schultern und sagte: «Put your hands up in the air and wave them like you just don't care!»

«Aber das ist ja das Problem», antwortete ich, «ich care die ganze Zeit! Außerdem kann ich meine Hände nicht das ganze Konzert über in the air waven, weil mir nach spätestens drei Minuten die Schulter weh tut.»

«Dir tut die Schulter vom Arme-in-die-Luft-Strecken weh?», fragte er ungläubig. Dann empfahl er mir, es mal mit einem Florian-Silbereisen-Konzert zu versuchen («Schunkeln kannste doch, oder?»), und ich beendete daraufhin das Gespräch.

Ich bin jetzt dazu übergegangen, mir Konzerte nur noch auf DVD anzuschauen. Eine Hand an der Fernbedienung, eine Hand am Bier. Das ist cool, das ist souverän, das ist wahnsinnig aufgeräumt. Und wahnsinnig langweilig, aber man kann eben nicht alles haben.

ZUM SCHLAFEN REICHT'S NOCH

Du weißt, aus deiner Beziehung ist ein bisschen der Samba raus, wenn dein Partner vor dem Bett steht, ein ausgewaschenes und zerfranstes T-Shirt hochhält, prüfend anschaut und dann sagt: «Na ja, zum Schlafen reicht's noch.» Im Grunde heißt das nichts anderes als: «Schlimmer Fetzen, damit kann ich keinem mehr unter die Augen treten, aber hey – bist ja nur du.» Und während du noch überlegst, ob es jetzt Zeit wird, das «Weißt du eigentlich, wie lieb ich dich habe?»-Buch im Regal durch ein «Weißt du eigentlich, wie ganz okay ich dich finde?»-Buch zu ersetzen, ist er schon eingeschlafen. Dann liegst du im Bett und starrst auf ein XXL-Shirt mit der verblichenen Aufschrift «Volleyball-AG '84 – Die Netzgötter» oder «Fuzzi's Junggesellenabschied – Hau wech die Scheiße!». Beschweren kannst du dich aber auch nicht, schließlich trägst du selbst dein verranztes «500 Jahre Brauerei Göller. Gönn dir ein Göller!»-Shirt mit dem lustigen Brandfleck auf der Brust.

Schlafbekleidung ist ein wirklich schwieriges Thema für Männer. Gibt es da überhaupt irgendetwas, das uns nicht sofort zum Vollhorst macht?

Am ehesten wohl Boxershorts und oben ohne. Das hat was Jugendlich-Frisches. Leider nur, solange man jugendlich-frisch ist. Sobald der eigene Bauch die Reise über den Bund der Unterhose antritt und die Boxershorts zu Sumo-Ringer-Shorts werden, ist es Zeit, ein Oberteil aus dem Schrank zu ziehen.

Und dann fängt das Drama an. Beispiel Schlafanzug. Ich habe es wirklich versucht, aber ich kann Schlafanzüge nicht ernst nehmen. Wenn ich einen Mann im Schlafanzug sehe, warte ich immer drauf, dass er ruft: «Krieg ich noch 'nen Kakao vorm Zähneputzen?», und dann mit Schwung ins Bett hüpft, um unter seiner ALF-Bettwäsche heimlich TKKG zu lesen.

Die Steigerung heißt Frottee-Schlafanzug: meistens dunkelblau und kuschelig warm, mit zahlreichen Gummizügen, die verhindern, dass kalte Winde hinein- und warme Winde hinauswehen. Das ist praktisch für den Träger, aber eine visuelle Herausforderung für den, der danebenliegen muss. Eine akustische übrigens auch, denn das leise Schnalzen der Schlafanzug-Gummizüge ist nicht selten der Abschlussakkord des partnerschaftlichen Sexuallebens.

Noch dazu besitzen Frottee-Schlafanzüge das, worauf Christen nur hoffen können: ewiges Leben. Dazu haben sie einen besonders perfiden Trick entwickelt: Zwei Tage vor einer Altkleidersammlung verschwinden sie einfach. Ich weiß nicht genau, wie sie es anstellen, aber wahrscheinlich verwandeln sie sich mit Hilfe ihrer Gummizüge in ein winziges Päckchen und rollen in den hintersten Teil des Kleiderschranks. Ich kenne

Frauen, die zu ihrer Silberhochzeit nur einen Wunsch an ihren Mann hatten: «25 Jahre sind genug – bitte wirf das hässliche blaue Frottee-Ding endlich weg!» Da hatte sich der Schlafanzug aber schon zwischen Jogginghose und Sporttasche gekugelt, tauchte erst eine Woche nach den Feierlichkeiten wieder auf und wurde bis zur goldenen Hochzeit weitergetragen.

Eine sehr spezielle Variante des Schlafanzuges ist der Seidenpyjama. Falls Sie sich jemals gefragt haben, ob Sie der Typ für Seidenpyjamas sind, dann beantworten Sie bitte folgende Frage: «Heißen Sie Silvio Berlusconi?»

Nein? Dann lassen Sie's. Nur so eine straffgezurrte Mailänder Mini-Salami kann einen Seidenpyjama tragen, ohne massiven Imageverlust zu erleiden.

Die Entscheidung, was man nachts tragen soll, ist also wirklich nicht einfach. Irgendwann in der Menschheitsgeschichte hat dann eine Frau ihrem Mann geraten: «Ach, zieh doch dasselbe an wie ich!», und ihm ein Nachthemd übergestülpt. Das Problem: Bei Frauen sehen die Dinger noch ganz putzig aus, irgendwie luftig und leicht. Aber Männer im Nachthemd sehen nicht aus, als wollten sie gleich schlafen, sondern als würden sie gleich operiert. Tropf und Katheter dazu – fertig ist der Prostata-Patient.

Was also tun? Gar nicht mehr schlafen? Sich jeden Abend die Hucke vollsaufen und mit Klamotten ins Bett fallen? Es wäre bestimmt mal eine schöne Abwechslung, wenn bei einer Sitzung der Anonymen Alkoholiker jemand aufstehen und sagen würde: «Hallo, ich bin der Marco und bin Alkoholiker, weil ich nicht weiß, was ich nachts anziehen soll.» Aber ob's das wert ist?

Vielleicht ist das ausgewaschene T-Shirt doch die beste Lösung. Vielleicht muss man es nur entsprechend bedrucken. Zum Beispiel mit einem Spruch, der Kritikern im eigenen Bett sofort den Wind aus den Segeln nimmt. Vielleicht: «Ich könnte auch Frottee tragen!»

BONUSMATERIAL

Ich stand mit einem Freund auf einer Party und erzählte ihm, dass ich mir «Avatar» gerne auf DVD kaufen möchte.

«Nein, mach das nicht!», sagte er. «Zumindest nicht, bevor die neue Edition draußen ist!»

«Welche neue Edition?», fragte ich.

«David Cameron bringt 'ne neue Fassung raus, mit sechs zusätzlichen Minuten.» – «Dauert Avatar nicht fast drei Stunden?», fragte ich verwundert. «Is doch irgendwie ... lang genug, oder?»

Er schaute mich an, als hätte ich gerade gefragt, ob bei «Der Pate» eigentlich alle drei Teile auf derselben Taufe spielen. Dann senkte er die Stimme: «Man munkelt, dass diese sechs Minuten nochmal ein völlig neues Licht auf den Film werfen!»

Ich habe mir dann trotzdem die kurze Fassung gekauft und überlege seitdem ständig, wie sechs Minuten ein «völlig neues Licht» auf die 161 werfen können, die ich gesehen habe. Mir fiel bisher nur eine Möglichkeit ein. Falls Sie also die «Extended Version» zu Hause haben, wäre ich Ihnen sehr dankbar, wenn Sie mir folgende Frage beantworten: Taucht am Ende Papa Schlumpf auf und sagt: «Ich bin dein Vater, Jake»? Wenn ja, würde ich mir die neue Version tatsächlich noch kaufen.

Ich habe sehr viele Filmfreaks im Freundeskreis und liebe die Unterhaltungen mit ihnen. Echte Filmfreaks erkennt man daran, dass sie selbst dann, wenn man ihnen einen lange gewünschten Film schenkt, enttäuscht gucken, weil man die Edition mit dem großen FSK-Aufkleber gekauft hat. Wenn mir solche Fanatiker von ihrer Leidenschaft für unterschiedliche DVD-Editionen erzählen, bekomme ich oft einen Gesichtsausdruck wie Jeff Goldblum, wenn er in Jurassic Park zum ersten Mal die Dinosaurier sieht. Vor allem die Begeisterung für «Deleted Scenes», also Szenen, die es nicht in den endgültigen Film geschafft haben, überrascht mich immer wieder. Für viele meiner Freunde ist das Schauen von «Deleted Scenes» die ultimative Offenbarung. Für mich ist es eher so, wie nach einem guten Essen den Müll zu durchwühlen, um zu sehen, was es nicht in den Topf geschafft hat.

Da ich aber möchte, dass auch Filmfreaks Spaß an diesem Buch haben, hab ich mir extra drei Bonusmaterialien einfallen lassen:

1. Outtakes

Outtakes sind die einzige Art Bonusmaterial, für die ich mich auch begeistern kann. Das sind Szenen aus Film-Komödien, in denen ein Darsteller etwas falsch macht. Dann lacht die ganze Crew, der Regisseur muss abbrechen, und alle reiben sich prustend die Augen.

Ich bin mir nicht ganz sicher, ob sich dieses Prinzip auf Bücher übertragen lässt, aber wir können's ja mal probieren. Also, gestern habe ich doch tatsächlich statt «Minuten» «Mininutten» geschrieben!

Und? Reibt sich schon jemand die Augen?

Nein?

2. Team-Interview
Jack Howards, Leiter der Special-Effects-Unit des Rowohlt Verlags, zuständig für Computeranimationen, Hologrammtechnik und Promi-Zitat-Aufkleber:

«Wir haben lange überlegt, was wir aus technischer Sicht mit Markus Barths Geschichten anstellen können. Zum Schluss haben wir uns für ein kleines 3-D-Gimmick entschieden: Wenn man die Doppelseite 48 / 49 anstarrt und dabei die Buchstaben vor seinen Augen verschwimmen lässt, kommt irgendwann ein kleines dreidimensionales Apple-Symbol aus den Seiten ... Also, wenn man sie *lange* anstarrt ... *Sehr* lange. Und vielleicht ein Bier dazu trinkt ... oder zehn.

Viel Spaß damit und danke an mein Team!»

3. Making-of
Ich schaue nie Making-ofs, weil ich mir die Illusion nicht zerstören lassen will. Man möchte ja auch nicht, dass David Copperfield nach einer Show sagt: «Folgendes sollten Sie noch wissen: Beim Fliegen hatte ich ein dickes Nylon-Seil am Rücken, die zersägte Jungfrau sind in Wirklichkeit zwei, und die ‹zufällig› ausgewählten Helfer aus dem Publikum gehören alle zu meinem Team. Schönen Abend noch.»

Aber wie gesagt, Filmfans sollen auch Spaß an diesem Buch haben, und deshalb habe ich mal einen Tag lang genau protokolliert, wie es ist, wenn ich einen Text schreiben soll:

7 Uhr: Der frühe Vogel fängt den Wurm! Ich schau ihm dabei zu, lege mich dann wieder hin und schlafe weiter.

9 Uhr: Aufstehen, Kaffee trinken, Zeitung lesen. Ich spüre es: Heute werden mich die Ideen nur so niedertrampeln! Von allen Seiten kommen lustige Ansätze in meinen Kopf geschossen, die nur darauf warten, niedergeschrieben zu werden. Das wird ein guter Tag!

9 Uhr 30: Das wird KEIN guter Tag. Sämtliche revolutionären Ideen von vorhin haben sich als unbrauchbarer Scheiß erwiesen. Ich unterbreche kurz und mache erst mal die 30-Grad-Wäsche.

10 Uhr: Gehe zum Briefkasten. Leer. Ist wahrscheinlich noch zu früh. Vielleicht warte ich kurz hier unten, kann ja nicht mehr lange dauern.

14 Uhr 30: Immer noch keine Post. Gehe wieder in meine Wohnung.

15 Uhr: Habe eine Spitzenidee, die ich sofort aufschreiben werde … sobald die 60-Grad-Wäsche drin ist.

15 Uhr 30: 60-Grad-Wäsche ist drin, Idee ist weg. Verdammt.

16 Uhr 07: Kurzes Stimmungstief. Lese zur Aufheiterung meine Bewertungen bei eBay: «Spitzen-ebayer. Trulla34 sagt Danke! *frechgrinsundrüberwink*» Na also. Geht schon wieder etwas besser. Idee hab ich trotzdem keine.

16 Uhr 30: Ich gehe wieder zum Postkasten. Immer noch leer. Mir fallen nur zwei Erklärungen ein: Entweder mein Briefträger wurde gestern von einer südafrikanischen Kringel-Kobra gebissen, deren schleichendes Gift seine Bewegungen nun immer mehr lähmt, wodurch er für seine Tour doppelt so lange braucht, oder ich bekomme heute tatsächlich keine Post. Erklärung Nummer 1 erscheint mir am wahrscheinlichsten, und ich beschließe, später nochmal nachzuschauen.

17 Uhr: Eine E-Mail! «Mausebienchen78 is now following you on Twitter!» Ich begrüße Mausebienchen78 per Tweet, chatte ein bisschen mit ihr und lese alle ihre Updates seit Mai 2008, bis ich mir restlos sicher bin, dass mich ihr Leben nicht im Geringsten interessiert.

18 Uhr: Postkasten immer noch leer. Der arme Briefträger.

19 Uhr: Ha, da isse, die Idee! Ich will gerade zu schreiben anfangen, da fällt mein Blick auf eine kleine Staubfluse in der Zimmerecke. Die sollte ich wohl schnell noch wegmachen, wie sieht denn das aus?

22 Uhr 30: Ich habe die Wohnung gesaugt, feucht durchgewischt, die Fenster geputzt, die Schränke ausgewaschen, die Pflanzen umgetopft, den Parkettboden abgeschliffen und neu geölt. Bei mir und meinem Nachbarn. Jetzt aber schnell was schreiben!

24 Uhr: Immer noch kein Text. Jetzt Frustsaufen.

4 Uhr 30: *(sehr undeutlich geschrieben)* Riesenidee! Stichwort: Fritteuse ... Kaktus ... Überbrückungskabel! ... Morgen dann mehr!

Sobald mir wieder einfällt, was ich damit gemeint habe, werde ich diese Geschichte aufschreiben und das Buch erneut veröffentlichen. Als Geschenk an alle Filmfreaks: eine Extended Version mit fünf Seiten mehr.

DANKE ...

... Joachim und Nik, für unersetzliche Tipps, sehr viel Geduld und hilfreiche Kopfwäschen.

... Ralph Schiller, für mindestens genauso viel Geduld.

... Marcus Gärtner, für seine erstaunliche Fähigkeit, Dinge in die richtige Richtung zu schubsen.

... Michael Kessler und Tommy Jaud, für Highspeed-Elogen und inspirierende Abende mit marokkanischen Cordjacken und fränkischen Wurstbäumen.

... Ralph Ruthe, für sehr viel gute Laune.

... meiner Familie und zahlreichen Freunden, für viele Steilvorlagen, von denen natürlich höchstens die Hälfte so passiert ist. Wenn überhaupt.

Das für dieses Buch verwendete FSC®-zertifizierte Papier
Lux Cream liefert Stora Enso, Finnland.